Aachener Studien zur Wirtschafts- und Sozialgeschichte
herausgegeben von Paul Thomes, Mathias Mutz und Peter M. Quadflieg

Band 11

Markus Maaßen

Geschichte der Fremdenverkehrsvereine in Aachen

Shaker Verlag
Aachen 2014

Bibliografische Information der Deutschen Nationalbibliothek
Die Deutsche Nationalbibliothek verzeichnet diese Publikation in der Deutschen Nationalbibliografie; detaillierte bibliografische Daten sind im Internet über http://dnb.d-nb.de abrufbar.

Lehr- und Forschungsgebiet
Wirtschafts-, Sozial- und
Technologiegeschichte
RWTH Aachen
Kackertstraße 7
52072 Aachen

Copyright Shaker Verlag 2014
Alle Rechte, auch das des auszugsweisen Nachdruckes, der auszugsweisen oder vollständigen Wiedergabe, der Speicherung in Datenverarbeitungsanlagen und der Übersetzung, vorbehalten.

Printed in Germany.

ISBN 978-3-8440-2739-6
ISSN 1611-6275

Shaker Verlag GmbH • Postfach 101818 • 52018 Aachen
Telefon: 02407 / 95 96 - 0 • Telefax: 02407 / 95 96 - 9
Internet: www.shaker.de • E-Mail: info@shaker.de

Geschichte der Fremdenverkehrsvereine in Aachen

verfasst von Markus Maaßen M. A.

im Auftrag des aachen tourist service e.v.

Aachen 2014

1805   Erschließung des Lousbergs als öffentlicher Park

1834-1868   Verein zur Belebung der Badesaison

1870-1914   Verschönerungsverein

1902-1918(?)   Verein zur Förderung des Verkehrs in Aachen / Verkehrs-Verein

1930-1933   Verkehrsverein für das Aachener Wirtschaftsgebiet e.V.

1949-?   Verkehrsverein Bad Aachen e.V. / aachen tourist service e.v.

Vorwort der Herausgeber

Der Tourismus hatte immer seinen Platz in Aachen. Die warmen Quellen ziehen ebenso wie das Charisma des großen Kaisers, dessen Tod sich 2014 zum 1.200sten Male jährt, seit Jahrhunderten die Menschen in ihren Bann und in die Stadt. Hier ergänzen sich Erholung und Bildung in perfekter Weise und schaffen damit eine nachhaltige Basis für den Fremdenverkehr. Allerdings will dieser immer auch innovativ organisiert sein, damit Aufwand und Ertrag für alle beteiligten Akteure in ein attraktives Verhältnis eingehen.

Es ist uns deshalb eine große Freude, in Kooperation mit dem *aachen tourist service e.v.* ein weiteres Stück Tourismusgeschichte der Kur- und Bäderstadt aufzublättern. Auch dieses Mal gab ein Jubiläum Anlass zu dieser etwas anderen Art der Rückschau. Sie möchte sich nicht nur oberflächlich-selektiv am Glanz des Erfolgs orientieren. Vielmehr möchte sie durchaus kritisch zurückblicken und analysieren, um zu inspirieren und durch den Dialog der Gegenwart mit der Vergangenheit kreativ Zukunft schaffen zu helfen.

Einmal mehr ist aus diesem Ansatz heraus eine kleine, aber feine Arbeit entstanden. Ihrer Kompaktheit zum Trotz, thematisiert sie erstmals die organisatorische Seite des Aachener Tourismus über mehr als 200 Jahre hinweg. Nicht nur, dass der Verfasser einen detaillierten Einblick in die Herausforderungen und Hoffnungen der Branche gibt; er verknüpft die Geschehnisse darüber hinaus gekonnt mit den politischen, wirtschaftlichen und gesellschaftlichen Ereignissen und fördert damit zahlreiche und interessante, bislang nicht bekannte Verbindungen zutage. Auf diese Weise entstehen ebenso differenzierte wie bewegte Bilder einer durchaus nicht linearen Geschichte mit Höhen und Tiefen.

Denn gerade die Grenzlage brachte nicht nur Vorteile. Militärische Auseinandersetzungen wirkten sich immer unmittelbar aus und führten konsequenterweise zu organisatorischen Reaktionen, so auch in der napoleonischen Zeit um die Wende zum 19. Jahrhundert, wo die vorliegende Untersuchung beginnt. Schmerzliche Einschnitte in den Tourismus verursachten insbesondere die beiden Weltkriege samt ihren in jeder Hinsicht tiefgreifenden Folgen. Allerdings bewirkten

Verwerfungen immer auch Fortschritte: zu Beginn des 19. Jahrhunderts etwa in Gestalt der Anlage des Lousbergs als frühem europäischen Landschaftspark und Produkt des Zusammenwirkens von bürgerlichem Vereinsengagement und französischer finanzielle Unterstützung.

Eine langfristige Herausforderung bedeutete der wirtschaftliche Aufschwung im Zuge der Industrialisierung der Region im 19. Jahrhundert. Fortan galt es, den Spagat zwischen Kurstadt und expandierendem Industriezentrum zu bewältigen. Zusätzlich erschwerend wirkte sich seit dem ausgehenden 19. Jahrhundert die zunehmende internationale Konkurrenz auf dem Gebiet des Tourismus aus. Es bedurfte deshalb weit mehr als nur organisatorischer Effizienz. Die neuen ambitionierten Kuranlagen an der Monheimsallee setzten da ein starkes Ausrufezeichen, das bis heute für die Bädertradition der Stadt steht.

Es bleibt den Herausgebern der gern gegebene Hinweis darauf, dass sie den Beitrag als eine wahre Bereicherung der Publikationsreihe und der Stadtgeschichte sehen, verbunden mit dem Dank an den *aachen tourist service e.v.*, in Person des Kurdirektors, Herrn Werner Schlösser, für das dem Autor und den Herausgebern entgegen gebrachte Vertrauen.

Aachen, den 28.02.2014

Die Herausgeber

Inhaltsverzeichnis

1	Einleitung	7
2	Das Kur- und Badewesen unter französischer Herrschaft	9
3	Der „Verein zur Belebung der Badesaison" (1834-1868)	13
4	„Des Lebens kleine Zierden" - das Wirken des Verschönerungsvereins in Aachen (1870-1918)	21
4.1	Zur Erinnerung an die „glorreiche Zeit"- eine Kontroverse	21
4.2	„Das waldumkränzte Aachen"- Die touristische Erschließung des Aachener Umlandes	25
4.3	„Wem die Stunde schlägt..." - Die Normal-Uhren in der Stadt Aachen	29
4.4	„Man sieht an ihm zu jeder Frist, was momentan für Wetter ist"	31
4.5	„Dauerhafte Kunstwerke zu schaffen, heißt verschönern!"- Die Zierbrunnen in der Stadt Aachen	35
4.6	Die „Visitenkarte der Stadt"- Der Bahnhofsvorplatz als gemeinsames Projekt des Verschönerungsvereins und des Verkehrsvereins	39
5	Der „Verein zur Förderung des Verkehrs in Aachen" (1902-1918)	43
5.1	Die Vernetzung im innerstädtischen Vereinsleben und in der Rheinprovinz	47
5.2	Die Entwicklung des Verkehrs-und Auskunftsbureaus im Elisenbrunnen – Ein Zuschussgeschäft	57
5.3	„Was man kleineren Orten gewährt..."- Die Feriensonderzüge	63
5.4	Lärm, Staub und Automobilisten – die Neurasthenie und ihre Plagen	65
5.5	Das Ende der „Überforderung" - die Einführung der Taxameter-Droschken	75
5.6	„An erster Stelle mit prächtigem Plan" - Medienarbeit des Verkehrs-Vereins	79
6	Die Wiederbelebung des Verkehrsvereins als Bindeglied zwischen Verkehrsamt und Bürgerschaft (1927-1930)	85
7	Der „Verkehrsverein für das Aachener Wirtschaftsgebiet e.V." (1930-1933)	91
8	„Ein nachgerade aufsehenerregender Start" – Verkehrsverein Bad Aachen e. V. (1949-?)	97
8.1	Die Bundesrepublik entdeckt das Reisen	103
8.2	Vom Kurwesen zum Städtetourismus - modernes Stadtmarketing	107

9	200 Jahre bürgerschaftliches Engagement zur „Hebung des Fremdenverkehrs"- ein Resümée	115
10	Literaturangaben	119
11	Quellen	129
11.1	Stadtarchiv Aachen	129
11.2	Stadtbibliothek Aachen	130
12	Abbildungen	131
13	Mitgliederverzeichnis des Verkehrs-Vereins Bad Aachen 1910	149
13.1	Vorstandsmitglieder	149
13.2	Institutionelle Mitglieder	150
13.3	Mitglieder	150
Nachwort		167

1 Einleitung

Die vorliegende Darstellung befasst sich mit der Geschichte der Verkehrsvereine in der Stadt Aachen seit der französischen Besatzungszeit.

Die Bündelung bürgerschaftlichen Engagements durch Vereine zum Zwecke der „Hebung des Fremdenverkehrs" in Kooperation und Koordination mit der Stadt- und Kurverwaltung begleitet die Aachener durch verschiedene Herrschaftssysteme und massiven wirtschaftlichen, strukturellen und sozialen Wandel. Jeweils in wirtschaftlichen Krisensituationen, die den Bestand der Kur- und Badestadt Aachen gefährden, organisieren sich Honoratioren, um durch Binnenmarketing und Stadtmarketing unter Einsatz auch neuer Medien den Bekanntheitsgrad der Stadt zu steigern und den Fremdenverkehr als wichtiges wirtschaftliches Standbein der Stadt zu fördern.

Der Zwiespalt zwischen einer Positionierung als Heilbad oder als Industriestandort andererseits ist ein Konflikt, der Aachen seit dem Beginn der Industrialisierung begleitet und immer wieder einen Interessenausgleich erforderte.

Die am Kur- und Badewesen interessierten Teile der Bürgerschaft versuchten, den strukturellen Wandel des Fremdenverkehrs, der u.a. durch neue Transportmittel und damit verbunden neue Kundengruppen ausgelöst wurde, kreativ mitzugestalten. Neben Einzelunternehmungen wie der Begrünung des Lousberges streben die Vereine nach der „Verschönerung" ihrer Stadt, um wettbewerbsfähig zu bleiben und nebenbei ihren eigenen Lebensstandard zu heben.

Im Bereich der Kundenakquise durch Außenwerbung finden sich die Vereine immer bereit, neue Medien zu ihrem Nutzen zu gebrauchen, angefangen von den ersten illustrierten Zeitungen über Plakate, Reiseführer und Filme.

Die vorliegende Arbeit zeichnet chronologisch die Genese der Fremdenverkehrsvereine nach und versucht sie zu kontextualisieren, denn der Aufstieg des deutschen Bürgertums ist auch ein Aufstieg seiner Vereine, die, wie zu sehen sein wird, bei der Gestaltung des täglichen Lebens eine konstitutive Rolle spielten. Der „Verein zur Belebung der Badesaison" im deutschen Vormärz verbesserte das kulturelle Angebot der

Stadt und unterstützte so die Neuorientierung des Kurortes als Ort der Unterhaltung und Zerstreuung.

Mit der Reichsgründung 1870 etabliert sich der „Verschönerungsverein", dessen Wirken Aachen in der wilhelminischen Kaiserzeit mitgeprägt hat und dessen Spuren sich im Aachener Stadtwald wie auch der Aachener Innenstadt wiederfinden lassen, wie diese Untersuchung zeigen wird.

Nach der Jahrhundertwende betritt mit dem „Verkehrs-Verein" ein neuer städtischer Akteur das Bild, der sich beim Binnenmarketing auf die „Assanierung" der Stadt und ihre dem Kur- und Badewesen förderlichen Maßnahmen konzentriert. Als Modernisierungskatalysator knüpfte er zahlreiche Verbindungen zwischen den bürgerlichen Vereinen in der Stadt wie auch in der Rheinprovinz und bemühte sich um einen Ausgleich zwischen verschiedenen städtischen Akteuren. Auch für den nach dem Ersten Weltkrieg etablierten „Verkehrsverein für das Aachener Wirtschaftsgebiet e. V." bleibt der Spagat zwischen seiner Eigenständigkeit und seinem Verhältnis zur Stadtverwaltung im Streit um das zu vermittelnde Image der Bäderstadt Aachen prägend. Der „Verkehrsverein Bad Aachen e. V." nimmt schließlich das bürgerschaftliche Engagement wieder auf und wird ein Fürsprecher für Aachen, wobei die Erschließung neuer Kundengruppen ein Hauptmerkmal der Arbeit bleibt.

Die schwierige Überlieferungslage erforderte die Verwendung verschiedener Quellenarten. Die Verkehrsvereine sind in den Zeitungen ihrer Zeit hauptsächlich durch ihre jährlichen Hauptversammlungen in Erscheinung getreten, weshalb diese Quelle oft herangezogen wurde. Die ebenfalls verwendeten Oberbürgermeisterakten der Stadt Aachen dokumentierten dazu die Kommunikation zwischen Verein und Behörde mit wechselnden Akzenten.

2 Das Kur- und Badewesen unter französischer Herrschaft

Die Besetzung durch französische Truppen 1792 führte zum Niedergang des Kur-und Badewesens, wie sich an der Kurgästestatistik ablesen lässt. 1791 waren es 1.598 Kurgäste, im Jahre 1792 dann 1.694 und 1807 nur noch 608 Kurgäste.[1] Dieser Verlust basierte auf dem Wegbrechen der bevorzugten Kundengruppe, des Adels, der die Trinkkur zur einer beliebten Sommerbeschäftigung erkoren hatte, jedoch das republikanische Klima in Frankreich und damit auch in den besetzten Gebieten als extrem ungesund ansah. 1803 verlor Aachen zudem durch den Reichsdeputationshauptschluss seinen privilegierten Status als freie Reichsstadt.

Diese neue Lage erforderte ein Arrangement mit den neuen Herren und eine Neuorientierung des Badewesens, galt Aachen doch als „offizielles Militärbad", in dem die zahlreichen Verwundeten napoleonischer Kriege Linderung suchten und der französische Adel nach Ende des „terreurs" die Heilquellen unter französischer Aufsicht genoss.[2] Napoleon in der gedachten Nachfolge Charlemagnes gab am 10. September 1804 den Anstoß zu einer Modernisierung der Bäder und dem geplanten Ausbau der Stadt zu einer „Bonne Ville de L´empereur français" durch eine Spende von 150.000 Francs, die der Verschönerung der Stadt dienen sollten.[3]

Daneben begann 1805 Herr Körfgen, der Sekretär des Präfekten Lameth, mit der Sammlung von Geld, um den kahlen Lousberg mit Bäumen zu bepflanzen und das Belvedere auf dem Lousberg zu errichten. Albert Huyskens sieht darin den Beginn des „*Verschönerungsverein*", der sich die Hebung des Fremdenverkehrs zum Ziel gesetzt hatte.

In einer Denkschrift vom 4.8.1818 heißt es rückblickend, dass „*einige lokalpatriotisch gesinnte Bürger*" den Rückgang des Fremdenverkehrs schmerzlich empfanden und den Grund in der vernachlässigten Umgebung der Stadt erblickten. Mit Genehmigung des französischen Präfekten General Alexandre de Lameth wurde 1806 ein

---
[1] Thomas R. Kraus, Auf dem Weg in die Moderne, Aachen in französischer Zeit 1792/94-1814, Aachen 1994, S. 226
[2] G. Dedolph, Aachen als Militärbad, Aachener Allgemeine Zeitung 1901, Nr. 263, Bl. 2 und Nr. 269, Bl. 2
[3] P. Käntzeler, Napoleon und die Aachener Bäder, EdG 1914, Nr. 2

Verein zur Verschönerung der Stadt gegründet, mit dem Generalsekretär Körfgen an der Spitze.

Im Jahr 1806 wurden 150, 1810 250 Kurgäste gezählt.[4] Mit staatlicher Billigung begann hier ein Jahrhundert übergreifendes bürgerschaftliches Engagement für die wirtschaftlichen wie ästhetischen Interessen der Stadt. Die Schleifung der alten Wallanlagen erlaubte die Anlage von Gärten und Parkanlagen. So gestaltete zwischen 1806 und 1808 der Düsseldorfer Hofgärtner Maximilian Friedrich Weyhe[5] zunächst den Kaiserplatz bis zum Kölntor[6] und dann später die Wallanlagen zwischen Bastei und Ponttor. Die Anschubfinanzierung war jedoch bald verbraucht.

„Damit waren die Mittel des Vereins sowohl die gesammelten 30.000 frs, als auch „alle analogen Hilfsmittel, die das Budget der Stadt darbot", erschöpft."[7]

Der Lousberg war der erste von Bürgern anfangs des 19. Jahrhunderts gestiftete Landschaftspark Europas. Spätere Reiseführer konnten den städtebaulichen Entwicklungen, wenn auch gelegentlich überschwänglich, durchaus Positives abgewinnen:

„Aachen ward das erste Luxusbad der Welt, zu dessen Verschönerung allerlei Massregeln ergriffen wurden. Der Lousberg, eine öde Schaftrift am nordöstlichen Ende der Stadt, wurde in einen anmutigen Park verwandelt."[8]

1811 wurden die Bäder der Stadt von französischer Seite verstaatlicht, was der Stadt Aachen vor allem Einkommenseinbußen durch Steuerausfälle bescherte. Die Anbindung an das französische Herrschaftsgebiet reduzierte den Zufluss der Gäste aus Deutschland.

---

[4] Huyskens, Albert, Das alte Aachen, seine Zerstörung und sein Wiederaufbau, Aachen 1953(=Aachener Beiträge für Baugeschichte und Heimatkunst. Band 3), S. 199
[5] Gerhard Fehl/Hrsg.) Wasser und Dampf.- Zeitzeugen der frühen Industrialisierung im Belgisch-Deutschen Grenzraum, Aachen 1991, S. 223
[6] heute Hansemannplatz
[7] Die „lokalpatriotisch gesinnten Bürger" des „Verschönerungsvereins" finden sich auch bei der „Festschrift zur Einweihung der neuen Kuranlagen des Bades Aachen, des Palasthotels mit Bade- und Kurmittelhaus, des Kurhauses und des Kurparks 1916", Autor: Aktiengesellschaft für Kur- und Badebetrieb der Stadt Aachen, S. 11; Sie dienen als Selbstbeschreibung und Portmanteaux für die anwesenden Honoratioren und Großbürger. Stadtarchiv Aachen
[8] Beckmann-Führer: Aachen nebst Schwesterstadt Burtscheid und Umgebung mit fünffarbigem Stadtplan und 7 Kunstbeilagen, bearbeitet von Dr. Anton C. Kisa, Stuttgart 1900

1815 fiel Aachen nach dem Wiener Kongress an das Königreich Preußen, was die Stadt aufgrund ihrer Konzentration auf die westlichen Absatzmärkte in eine schwierige wirtschaftliche und finanzielle Lage brachten. So beriet sich der Gemeinderat am 20. März 1816 darüber,

„welche Mittel zu ergreifen wären, um der seit 20 Jahren als Badeplatz zurückgenommenen Stadt aufzuhelfen, die Fremden anzuziehen, und dass nicht durch die Konkurrenz des benachbarten Spa's diesem so bedeutsamen Zweig des städtischen Wohlstands vollends der letzte Stoß gegeben werde."[9]

Wie Walter Kaemmerer feststellt, fokussierten sich hier verschiedene Interessengruppen auf ein gemeinsames Ziel:

„Mannigfachste Pläne von Privaten, von der Stadt und von der preußischen Regierung wurden hierzu entworfen."[10]

Erst mit der Übertragung der Bäder in den Besitz der Stadt am 10. April 1818 durch Schenkung des preußischen Königs war eine Planungssicherheit gegeben, die zu massiven Investitionen führte. So beschloss der Aachener Stadtrat 1819 den Bau einer Brunnenhalle, 1821 den Bau einer Wandelhalle und war besonders stolz auf die Grundsteinlegung des Elisenbrunnens am 16. November 1822, welcher nach der Kronprinzessin benannt wurde.[11] (Abb.1 bis 3)

Die Schaffung touristischer Infrastruktur zur „Hebung des Fremdenverkehrs" ist Teil der „Citymarketings",[12] während das „Tourismusmarketing" sich auf die Akquise von Kunden und der Präsentationen eines verkaufsfördernden Images bezieht.

---

[9] Wilhelm Hermanns, Karl der Große.- Ein Balladenkranz zu lebenden Bildern- Feier der elfhundertjährigen Wiederkehr von Karls Todestag im großen Saale des Kurhauses, Aachen 1914, S.13 (in Folgenden abgekürzt als Hermanns 1914)
[10] Walter Kaemmerer, Geschichtliches Aachen- Vom Werden und Wesen einer Reichsstadt, 4.Aufl. Aachen 1973, S.73
[11] Joseph Laurent, Das Bade- und Kurwesen in Aachen und in Aachen-Burtscheid unter preußischer Herrschaft 1815-1915, Aachen 1920
[12] Bastian Bunge, Binnenmarketing.-Ein Instrument der Kurortpolitik, GRIN 2007. Der Begriff bezeichnet das aktive Bemühen aller Leistungsträger und der Bevölkerung, das Produkt Kurort zu gestalten.

Keitz sieht diese Bemühungen, den Fremdenverkehr von kommunaler Seite zu fördern als ein Merkmal des modernen Tourismus, da sich anhand stadtgeschichtlicher Untersuchung nachweisen lässt, dass man den Ausbau eines Ortes zum Kur- und Freizeitort als bewusste Alternative zur Entwicklung als Markt-, Industrie oder Hafenstadt vorantrieb.[13]

Die Etablierung der Trinkkur des Badearztes Blondels kann als solche Maßnahme nach dem verheerenden Stadtbrand von 1656 angesehen werden, wobei der Zwiespalt zwischen Kurort und Industriestandort ein Problemfeld darstellt, welches sich mit der Industriellen Revolution intensivierte und bis zum heutigen Tage anhält. Die Kooperation zwischen Bürgerschaft und Verwaltung manifestierte sich in der Gründung eines neuen Vereins.

---

[13] Keitz, Reisen als Leitbild. Die Entstehung des modernen Massentourismus in Deutschland, München 1997, S.69

3 Der „Verein zur Belebung der Badesaison" (1834-1868)

Aachen bedurfte einer Attraktivitätssteigerung, die Stadt und Verein gemeinsam in Angriff nahmen. Ab 1834 existierte die „Kommission zur Belebung der Badesaison", die sich bemühte, den gestiegenen kulturellen Ansprüchen seiner Kurgäste zu genügen. In den Badeorten begegnete eine neu entstehende bürgerliche Oberschicht dem etablierten Adel bei der Freizeitgestaltung.

„Dem Komitee fehlten jedoch jegliche Mittel; es war von der Spielbank abhängig, die selbst geringfügige Überschreitungen beanstandete. Erst im Jahre 1839 überwies ihm die Stadt die bescheidene Summe von 100 Taler zur selbständige Verfügung; und trotzdem war das Komitee sehr rege. Mit Beihilfe der Stadt und der Spielbank wurden Pferderennen auf der Brander Heide abgehalten, Bälle veranstaltet, morgens spielte die Kurmusik am Brunnen, nachmittags im Kurgarten oder auf dem Lousberg und abends fanden während der Kurzeit Theatervorstellungen statt."[14]

Mit zunehmenden Geldmitteln war es möglich, nicht nur innerhalb der Stadt Aachen zu wirken, sondern auch die Werbung auf das benachbarte Ausland auszuweiten.

„Das Kurkomitee wurde wirksam durch den „Verein zur Belebung der Badesaison" unterstützt, dem die Stadt, seitdem sie die Spielbank im Eigenbetrieb verwaltete, eine jährliche Beihülfe (sic) von 600 Taler aus der Spieleinnahme gewährte. Der Verein veranstaltete nicht allein Feste und trug zum Verschönern der Umgebung bei, er widmete seine Fürsorge auch dem Bekanntmachen der Stadt nach außen hin. Eine Reihe mit Bildern geschmückter Aufsätze veröffentlichte er in der Illustrirten Leipziger Zeitung, gab einen Führer in deutscher, französischer und englischer Sprache heraus und verteilte ihn unentgeltlich. Die deutsche Ausgabe war

---

[14] Hermanns 1914, S. 16

1863 in zweiter Auflage bereits vergriffen, und die französische erforderte 1854 eine Neuauflage. "[15]

Die 1843 gegründete „Illustrirte Leipziger Zeitung" war ein innovatives „Bilderblatt", welches durch den massiven Einsatz von hochqualitativen Holzstichen und Verwendung eigener Bildkorrespondenten für die Zeit einzigartige Darstellungen aller möglichen Motive ermöglichte, welche sich im gesamten deutschsprachigen Raum verbreiteten. Die Zeitung bot ihren Lesern einen Querschnitt durch das zeitgenössische gesellschaftspolitische, wissenschaftliche, kulturelle und literarische Leben. Die Zeitungsauflage betrug drei Monate nach Ersterscheinen bereits 7.500 Exemplare, drei Jahre später 11.000 Exemplare.[16] Die Abonnenten dieser Zeitung waren aufgrund ihrer gesellschaftlichen Stellung oft in der Lage, einen Urlaub oder eine Sommerfrische in Erwägung zu ziehen. Der Aachen-Reiseführer war hingegen auf ein internationales Publikum ausgelegt. Die Finanzierung des Vereins war jedoch gefährdet, als das Königreich Preußen 1854 den Betrieb der Spielbank untersagte. Als alternative Einnahmequelle diente der 1858 fertiggestellte Kurpark Burtscheid. Ab 1864 wurde bei Konzerten der Kurmusik Eintrittsgeld zugunsten des „Vereins zur Belebung der Badesaison" erhoben, was aufgrund des Schwerpunktes auf musikalischer Unterhaltung nahe lag.

Die Öffentlichkeitsarbeit des Vereins konzentrierte sich auf die günstige Berichterstattung über Aachen, da die Zeitungen als einzige überregionale Medien eine bedeutende Reichweite entwickelten, wie die Generalversammlung des Vereins 1868 feststellte:

„Wie in früheren Jahren, so strebte auch in diesem wieder der Vorstand dahin, durch Beeinflussung der Presse den Ruf unserer Thermen zu steigern, und wenn

---

[15] Hermanns 1914, S. 16; Der Titel des Buches lautete: Verein zur Belebung der Badesaison- J. Müller, Aachen und seine Umgebungen- Führer für Fremde, Aachen 1854, 44 Seiten
[16] Wolfgang Weber, Johann Jakob Weber.- Der Begründer der illustrierten Presse in Deutschland. Lehmstedt, Leipzig 2003

diese bei der Jahrhunderte hindurch bewährten Heilsamkeit derselben Jemanden unnötig erscheinen sollte, so könnte dies doch nur bei einem solchen der Fall sein, der überhaupt den Einfluss der Presse in jetziger Zeit gänzlich verkannte. Der Erfolg hat auch bereits gezeigt, welchen Nutzen selbst die einfache Belebung der Erinnerung zur Folge hatte."[17]

Die Mittel für eine Werbung im europäischen Maßstab wurden deshalb anstandslos von der Hauptversammlung bewilligt.

„Er schloß dann seine Thätigkeit wieder mit Benutzung der Presse, indem er, um in den gelesensten deutschen Zeitungen, einem schwedischen, holländischen und französischem Blatte auf unserer Winter-Saison und deren verbesserte Einrichtungen wiederholt aufmerksam zu machen, die nöthigen Gelder bewilligte."[18]

Die Winterkur in Aachen war die Möglichkeit, die Badesaison nahezu ganzjährig auszubauen, da Aachen über ein mildes Klima und Warmwasserquellen verfügte. Den schwedischen Kurgästen bot sich mit Aachen ein Fluchtpunkt vor dem dunklen, skandinavischen Winter.[19]

Ebenfalls 1868 förderte der „Verein für die Belebung der Badesaison" den 7. Rheinischen Schachkongreß (2.-4. August 1868) des 1861 gegründeten Westdeutschen Schachbundes, indem er eine silberne Medaille im Wert von 30 Thalern als Wettkampfpreis auslobte, die aber dann durch einen silbernen Pokal gleichen Wertes ausgetauscht wurde.[20] Der Sieger war der Schachfunktionär Max Lange. Das „Spiel der Könige" erfreute sich großer Beliebtheit, sei als als Ersatz für das verbotene Glücks-

---

[17] EdG 2.12.1868
[18] EdG 2.12.1868
[19] Juliano de Assis Mendonça, Geschichte der Aktiengesellschaft für Kur- und Badebetrieb der Stadt Aachen 1914-1933, Aachen 2012, (= Aachener Studien zur Wirtschafts- und Sozialgeschichte Bd. 29) S.69 verweist darauf, daß auch während der Weimarer Republik die nordischen Ländern umworben wurden, insbesondere durch die Hilfe des schwedischen Vizekonsuls Fritz Mohren.(Im Folgenden abgekürzt als Mendonça 2012)
[20] EdG, 2.12.1868

piel oder als kulturelle Imitation durch sozial aufsteigende Gruppen, da neben dem Spiel diverse Festivitäten in gehobenen Rahmen stattfanden.[21]

Die Frage nach der „Hebung des Fremdenverkehrs" verband sich in Aachen mit der Frage nach der Anbindung Aachens an die Eisenbahn, die mit der Industriellen Revolution nicht nur Rohstoff- und Absatzmärkte miteinander verband, sondern zugleich den Einzugsbereich des Kur- und Badewesens für mögliche Kunden erweiterte. Die Überwindung des Raumes durch den Gebrauch des neuartigen Transportmittels machte den Kururlaub für neue Kundengruppen attraktiv, die sonst die beschwerliche Anreise mittels Kutsche gemieden hätten.[22] Am 22. Mai 1844 entschieden sich interessierte Kreise in Aachen für eine Petition an den Bürgermeister Emonts:

„Aachen ist durch seine glückliche Lage, durch die leichte Verbindung mit Belgien, Frankreich, England besonders geeignet, eine bedeutende Anzahl Fremde in sich aufzunehmen, sein geschichtliches Interesse ist von solchem Wert, und seine Gasthöfe, welche in den letzten Jahren mit sehr großem Kostenaufwand auf das Eleganteste und Bequemste eingerichtet wurden, der Art, daß die Stadt mit Recht einer der Bedeutendsten in Deutschland Anspruch machen darf. Allein notwendigerweise muß die städtische Behörde eingreifen und der, durch die Eisenbahn so sehr begünstigten Beförderung einen angenehmen Aufenthalt entgegen stellen, soll Aachen seine Vorzüge genießen und nicht zu einem kleinen Orte, zu einem Landstädtchen herabsinken. Notwendig muß etwas geschehen, um den Fremden an Aachen zu fesseln.....

---

[21] Pierre Bourdieu, Die feinen Unterschiede. Kritik der gesellschaftlichen Urteilskraft, Frankfurt a/M. 1982; Edmund Bruns, Das Schachspiel als Phänomen der Kulturgeschichte des 19. und 20. Jahrhunderts, Münster 2003,S.35f verweist darauf, das das schnellere und bequemere Reisen erst internationale Jahresturniere ermöglichte. Als Beispiel gibt er das Bäderturnier 1870 in Baden-Baden an, bei dem die Kurverwaltung 5000 francs zur Verfügung stellte, weil es eine gute Fremdenverkehrswerbung versprach.

[22] Benedikt, Bock, Baedeker & Cook: Tourismus am Mittelrhein 1756 bis ca. 1914 (=Band 26 von Mainzer Studien zur neueren Geschichte) Diss. Mainz 2010, S.237ff; Eine differenzierte Untersuchung des „Kur-und Fremdenblatts" nach Herkunftsort könnte Auskunft über die Erweiterung des Einzugsgebiets geben.

Nach diesen allgemeinen Andeutungen erlauben wir uns, Ew. Hochwohlgeboren und den wohllöblichen Stadtrat ganz ergebenst zu bitten: den traurigen Zustand der Stadt hinsichtlich des Fremdenverkehrs und die daraus hervorgehenden, nachteiligen Folgen in ernstliche Erwägung zu ziehen, wesentliche Schritte zur Verbesserung dieses Zustands zu tun, und zur Vorbereitung derselben zuvörderst und baldigst eine Kommission aus Mitgliedern des Stadtrats, der Handelskammer und der Vorstände der hier bestehenden geselligen und Gesangs-Vereine zu ernennen, welche noch ein paar Mitglieder aus denjenigen Gewerben, welche beim Fremdenverkehr besonders interessiert sind, beizugesellen sein dürften. Gewähren Sie, hochverehrteste Herren, der Sache eine sorgende Teilnahme und Beförderung. Es handelt sich wahrlich nicht um eine Kleinigkeit, Ihre Mitglieder glauben sich berechtigt, von Ihnen die Erhaltung von Aachens Ruf, der so schwer bedrängt ist, zu fordern. Ohne Mittel ist der Zweck unerreichbar und in Gewährung, Auffindung und Beschaffung jener liegt Ihr schöner Beruf, diesen zu befördern." [23]

Dieser Aufruf wurde von 377 Personen „*aus den besten Kreisen der Stadt*" unterzeichnet und stellte eine frühe Bemühung dar, die Bürgerinteressen in Kooperation mit der Stadt zu verbinden. Diese intendierte Kommission bestand aus städtischen Honoratioren, die durch ein stadtbürgerliches Engagement im vorpolitischen Raum in Vereinen und Interessenverbänden bereits Erfahrungen mit Demokratie gesammelt hatten.

Die Zweckrationalität ist üblicherweise das Organisationsprinzip eines Vereins [24], weshalb neben den Vorständen als Vertreter der Vereine auch die am Fremdenverkehr interessierten Gewerbe, d. h. unter anderem das Hotel- und Gaststättengewerbe integriert werden. Diese Auslese erzeugte eine schichtspezifische Absonderung in Richtung der stadtbürgerlichen Groß- oder Mittelschicht.[25]

---

[23] Stadt-Aachener Zeitung, 22. Mai 1844
[24] Otto Dann, Vereinswesen und bürgerliche Gesellschaft in Deutschland, HZ, N.F.9, 1984, S.65
[25] Ebenda, S.65

Die Petition fand Zustimmung bei der von David Hansemann geförderten „Stadt-Aachener Zeitung", die festhält:

> *„Es ist der allgemeine Wunsch, daß Aachen eine möglichst hohe Stellung unter den Badeorten Deutschlands einnehme. Demzufolge haben mehrere achtbare Einwohner hiesiger Stadt den Impuls zu einer Petition an die betreffende Behörde gegeben.- die Eingabe circulirt (sic) seit mehreren Tagen, sie ist bereits mit zahllosen Unterschriften bedeckt, und kein Zweifel - sie wird Beachtung finden! Das Gesuch geht im Allgemeinen dahin, daß Alles aufgeboten werden möge, um den Fremden ihren Aufenthalt in Aachen möglichst angenehm zu machen."*[26]

Die Petition war nicht unumstritten, da mit der Aufstellung der Kommission auch die Bewilligung von Geldern gefordert wurde. Am 31. Mai 1844 erschien in der „Stadt-Aachener Zeitung" die Gegenposition:

> *„daß diejenigen Bürger und Korporationen Aachens, die Interesse und Vergnügen haben, fremde Gäste hieher (sic) zu ziehen, oder dem sogenannten Geiste der Zeit zu frönen, dies auf ihre eigenen Kosten thun, daß sie selbst Bälle, Konzerte und sonstige Belustigungen anstellen, auf eigene Kosten bauen und Planiren- dagegen wird Niemand etwas haben, nur mögen sie die Beutel Anderer damit verschonen, die höhere Interessen zu vertreten wissen. Dieses ganze raisonnirende, spekulative Treiben wird daher, wie mit gebührender Zuversicht zu erwarten steht, so lange nutzlos seyn und bleiben, als die wohl erwogenen Ansichten derjenigen Geltung haben, die es durch langjährige Praxis besser wissen, was Aachen als Badeort sich selbst und seinen Gästen verschuldet."*[27]

Bestimmte Kreise der Bürgerschaft befürchteten eine steuerliche Mehrbelastung und beriefen sich auf die „langjährige Praxis" und „höhere Interessen". Damit verkannten

---

[26] Stadt-Aachener Zeitung, 26. Mai 1844, Nr.147; Zur Stadt-Aachener Zeitung : Robert Holthöfer, Die Stadt-Aachener Zeitung 1815-1848.- Ein Beitrag zur rheinischen Presse und Parteigeschichte, Diss. Bonn 1920
[27] Stadt-Aachener Zeitung, 31.Mai 1844, Nr.151

sie, dass sich durch die Eisenbahn die Rahmenbedingungen des Fremdenverkehrs entscheidend verändert hatten. Helga Raue formulierte es in ihrem Artikel so:

„Die Entwicklung Aachens seit Beginn der fünfziger Jahre war gekennzeichnet durch die fortschreitende Industrialisierung und den Ausbau des städtischen Badewesens, wenn auch zu konstatieren ist, daß Aachen die Rolle als vornehme und mondäne Badestadt an neue und modernere Badezentren ohne bedeutendes Gewerbe und beachtenswerte Industrie abtreten mußte. Der wirtschaftlichen Bedeutung der Stadt entsprach es, daß man sich in Berlin für Aachen als Standort der Polytechnischen Schule, der späteren Technischen Hochschule, entschied, deren Grundstein König Wilhelm I. 1865 legte."[28]

Die Etablierung von Aachen als Eisenbahnknotenpunkt wie auch als Zollabfertigung schlägt sich in den neuen Reisebeschreibungen wie dem einschlägigen „Baedeker" wieder:

„Aachen ist eine ganz neue Stadt geworden, die dem eintretenden Fremden, besonders wenn er auf der Eisenbahn anlangt, den Anblick breiter, freundlicher Straßen, mit neuen ansehnlichen Häusern, großartigen Fabrikgebäuden und glänzenden Kaufläden darbietet."[29]

Der „Baedeker" sollte den Reisenden und Sommerfrischler das Reisen erleichtern und von der Abhängigkeit gegenüber lokalem Personal befreien. Er richtete sich explizit an den neuen Typ des bildungsbürgerlich interessierten Reisenden.

---

[28] Helga Raue, Der Aachener Sakralbau im 19.Jahrhundert, ZAGV Bd94/95, (1987/1988), S.120
[29] Rheinreise von Basel bis Düsseldorf mit Ausflügen in das Elsaß und die Rheinpfalz, das Murg- und Neckarthal, an die Bergstraße, in den Odenwald und Taunus, in das Nahe-, Lahn-, Ahr-, Roer-, Wupper- und Ruhrthal und nach Aachen, bearb. von K. Bädeker. 6. verb. u. verm. Aufl. der Klein'schen Rheinreise. Bädeker, Koblenz 1849

4 „Des Lebens kleine Zierden" - das Wirken des Verschönerungsvereins in Aachen (1870-1918)

Die Bedeutung des Fremdenverkehrs stieg im Wilhelminischen Kaiserreich erheblich, einhergehend mit einem Anstieg der Fremdenübernachtungen.[30] Mit der Reichsgründung begann die Gründungsphase der sogenannten „Verkehrs- und Verschönerungsvereine"[31], wobei Aachen 1870 mit der Gründung eines Verschönerungsvereins voranging.[32]

Seine Tätigkeit war in der Retrospektive bei Lersch[33] dadurch gekennzeichnet, dass der Verschönerungsverein *„zum Teile hohe Beiträge gab und stets anregend wirkte."* Das vielfältige Wirken des Vereins wurde der Zeit entsprechend in Leserbriefen kontrovers kommentiert, die im „Echo der Gegenwart" unter der Rubrik „Eingesandt" erschienen.

4.1 Zur Erinnerung an die „glorreiche Zeit"- eine Kontroverse

„Der Vorstand des Verschönerung-Vereins geht, wenn wir richtig unterrichtet sind, mit dem Plane um, einen monumentalen Brunnen, die wasserspeiende Aquisgrana vorstellend, auf dem Parade-Platze zu errichten. Die anerkennenswerte Thätigkeit des Vereins dürfte aber bei diesem neuen Projekt gegen viele Schwierigkeiten und gerechtfertigte Bedenken anzukämpfen haben. Wenn auch das Modell des Herrn Bildhauers Mohr in vollster künstlerischer Vollendung woran wir gar nicht zwei-

---

[30] Hasso Spode, Wie die Deutschen „Reiseweltmeister" wurden. Eine Einführung in die Tourismusgeschichte, Erfurt 2003, S.67. Zwischen 1872 und 1913 verfünffachte sich die Zahl der Fremdenübernachtungen – ein Zuwachs von über 10 Prozent im langen Jahresmittel. (Im Folgenden abgekürzt als Spode 2003)
[31] Keitz, Reisen als Leitbild. Die Entstehung des modernen Massentourismus in Deutschland, München 1997, S.69
[32] Thilo Nowack, Rhein, Romantik, Reisen. Der Ausflugs- und Erholungsreiseverkehr im Mittelrheintal im Kontext gesellschaftlichen Wandels (1890 bis 1970). Diss. Bonn 2006, S.41 verweist auf andere Gründungen von Verschönerungsvereinen, beispielsweise 1865 in Oberlahnstein, 1869 für das Siebengebirge, 1872 in Boppard, 1877 in Breisig oder 1882 in Unkel.(Im folgenden Abgekürzt als Nowack 2006)
[33] Lersch, neuester Führer von Aachen und Umgebung, Aachen 1900

feln sich uns darstellen wird, so glauben wir dennoch, daß selbst das beste Bauwerk auf dem ohnehin kleinen Platze die gewaltigen Linien des kleinen Theatergebäudes beeinträchtigten würde. Ein paar hohe, vielarmige Kandelaber an den Ecken unseres Musentempels könnten die gar nicht passenden Laternen ersetzen und wären vielleicht eine hübschere Zier des Platzes. Licht ist nöthiger als Wasser. Auch sind wir aus Nützlichkeitsrücksichten nicht für die Errichtung eines viel Raum wegnehmenden Brunnens am genannten Orte. Kann sich doch Jeder überzeugen, daß der Platz an Paradetagen schon jetzt stark überfüllt ist, obschon der Parade-Marsch nach jener bekannten Ordre nicht mehr ausgeführt wird. Was aber, wenn dieser Befehl auf einmal zurückgenommen würde. Der Paradeplatz hat sich schon durch seinen eingebürgerten Namen das Recht erworben, Parade-Platz zu bleiben."[34]

Der Leserbrief des unbekannt gebliebenen Bedenkenträgers mit seinen tautologisch anmutenden Begründungen spiegelte den Konservatismus von Teilen der Aachener Bürgerschaft wider. Brunnen blieben jedoch wegen der mit dem Heil-Wasser verbundenen Symbolik ein beliebter Bereich der Straßenverschönerungsmaßnahmen. Im „Politischen Tageblatt" findet sich in einem Leserbrief folgende Aufzählung über die Erfolge des Vereins:

„In den siebenziger Jahren bepflanzte man in der Heinrichsallee die alte Stadtmauer, später machte man an der Ostseite des Theaters zwei Baumgruppen, vor dem Elisenbrunnen wurden zwei Springbrunnen angelegt, eine kostspielige Gartenvase wurde vor drei Jahren auf dem Platze des heutigen Kaiser-Friedrich-Denkmals erbaut usw. usw. (ich kann aus Raummangel nicht alles aufzählen.)"- Dauernde Kunstwerke zu schaffen, heißt verschönern.[35]

---

[34] EdG 10. Januar 1872
[35] Politisches Tageblatt 9. Juni 1912 Nr.133

Die Zusammenarbeit von Stadtverwaltung und verschiedenen Vereinen zum Zwecke der Hebung des Fremdenverkehrs wurde besonders betont, so z.b. 1875:

„Beide Stadtverwaltungen sind bestrebt, die Schwesterstädte als Kurorte immer mehr zu heben durch Verbesserung der Kurmittel und Förderung sämmtlicher (sic) Kurzwecke, ein Streben, worin sie durch die beiden Vereine zur Belebung der Badesaison, durch den Verschönerungsverein und den seit ein paar Jahren hier bestehenden Zweigverein des Niederrheinischen Vereins für öffentliche Gesundheitspflege unterstützt werden."[36]

Eines der ersten Projekte zur Verschönerung der Stadt durch die Schaffung dauernder Denkmale hatte allerdings einen traurigen Hintergrund. Bei der Enthüllung des „Kriegerdenkmals" 1872 (Abb. 9) für die Gefallenen der Kriege von 1866 und 1870/71 erinnerte der Redner an den Verschönerungsverein, der im *„Stadtgarten, daselbst zur Erinnerung an die glorreiche Zeit die Eiche gepflanzt, zu den Denkmälern für die gefallenen Krieger auf den Friedhöfen ein(en) namhafte(n) Beitrag geleistet"*[37] habe. Die Pflanzung der „Friedenseiche" war ein in vielen deutschen Städten durchgeführter Akt zur Erinnerung an die Reichsgründung 1871 und die Einigungskriege.

---

[36] Aachen, seine geologischen Verhältnisse und Thermalquellen.- Bauwerke, Geschichte und Industrie. Festschrift des Vereins Deutscher Ingenieure XVI. Hauptversammlung, Aachen 1875. Der „Niederrheinischen Verein für die öffentliche Gesundheitspflege" wurde 1869 in Düsseldorf als Reaktion auf den Choleraepedemie von 1866 gegründet. Er behandelte die Probleme des Urbanisierungsprozesses unter dem Blickwinkel der Hygiene. Näheres bei: Lorenz Jellinghaus, Zwischen Daseinsvorsorge und Infrastruktur: zum Funktionswandel von Verwaltungswissenschaften und Verwaltungsrecht in der zweiten Hälfte des 19. Jahrhunderts; Frankfurt/M 2006
[37] EdG 3. Juli 1872 Nr.182

4.2 „Das waldumkränzte Aachen"- Die touristische Erschließung des Aachener Umlandes

Dem Wald blieb der Verschönerungsverein während seiner gesamten Existenz eng verbunden, da die Pflege des Orts- und Landschaftsbildes als Hauptziel angesehen wurde.[38] So wurden bequeme Spazierwege geschaffen und sauber gehalten, Ruhebänke aufgestellt, Orientierungstafeln und Wegweiser angebracht. Die Erschließung des Aachener Stadtwaldes ging auf den Oberförster Franz Oster zurück, der von 1879 bis 1895 wirkte.

Von städtischer Seite beantragte Oberbürgermeister Ludwig Pelzer, den Aachener Wald bevorzugt für die Erholung der Bevölkerung zu nutzen, auf Grund der „ästhetische(n) und sanitäre(n) Bedeutung dieses Waldes für die Stadt". Der Antrag wurde im sog. „Wohlfahrtsbeschluß" vom 22.12.1882 bewilligt.[39] Der dann erfolgende Ausbau des Stadtwaldes zum Erholungsgebiet war ein Anliegen, dem sich der Verschönerungsverein gerne anschloss.

„Die Aufwendungen zur Erschließung des Stadtwaldes, zur Herstellung zahlreicher schöner Wanderpfade, zu ihrer Bezeichnung durch Wegesteine, zur Gewährung von Schutz gegen Unwetter durch Errichtung von Schutzhütten, zur Anbringung von Ruhebänken an prächtigen Aussichtspunkten beziffert sich auf mehrere tausend Mark."[40]

---

[38] Thilo Nowack, Rhein, Romantik, Reisen. Der Ausflugs- und Erholungsreiseverkehr im Mittelrheintal im Kontext gesellschaftlichen Wandels (1890 bis 1970), Diss. Bonn 2006, S. 41
[39] Vgl. Festschrift zur XXXVI. Hauptversammlung des Vereins deutscher Ingenieure, Aachen 1895, gewidmet dem Aachener Bezirksverein deutscher Ingenieure, S. 54f
[40] EdG, 23. Juli 1909; Auch 1914 bewilligte der Verschönerungsverein die Aufstellung einer Schutzhütte und sieben Bänken im Bereich Siegel zum Preise von 387 Mark. Aachener Allgemeine Zeitung 10. Juli 1914; ebenso 290,35 Mark für Wegweisersteine und Wegeverbesserungen.

Der Verschönerungsverein engagierte sich 1886 für einen ersten hölzernen Aussichtspunkt mit 500 Mark[41], der sich allerdings keiner langen Haltbarkeit erfreute, so dass der Verschönerungsverein bereits 1892 die Idee eines steinernen Aussichtsturms in die Diskussion einbrachte.

„Der Vorschlag, den in manchen Theilen morsch gewordenen Aussichtsturm im Aachener Stadtwalde durch einen massiven Steinthurm zu ersetzen, fand allseitige Zustimmung. Es wurde beschlossen, dieserhalb mit der Stadtverwaltung in Verbindung zu treten, und falls diese den Bau in Angriff nehmen wolle, einen erstmaligen Zuschuß von 1000 Mark und weitere Zuschüsse in Aussicht zu stellen. Auch wurde der Gedanke angeregt, nöthigenfalls durch eine Sammlung einen größeren Baufonds zu gewinnen, wie dies zur Zeit für den jetzigen hölzernen Thurm mit Erfolg geschehen ist. Sodann wurde von Herrn Pöschel noch vorgeschlagen, zur besseren Orientierung im Stadtwalde auf den Wegweisern die Namen der Ortschaften in einer in die Augen springenden Farbe anzubringen und den Weg dorthin an hervorragenden Punkten durch die gleiche Farbe besonders zu bezeichnen. Man brauche alsdann nur einer solchen Farbe zu folgen, um mit Sicherheit an sein Ziel zu gelangen. Auch dieser glückliche Gedanke fand allgemeine Zustimmung. Eine Reihe weiter Vorschläge, betreffend die Verschönerung des Baumplatzes auf dem Seilgraben, die Anbringung einer elektrischen Uhr im westlichen Stadttheile usw. wurden dankbar angenommen, lebhaft diskutirt und sollen teilweise bei hinreichendem Kassenbestande zur Ausführung gelangen." [42]

Der Verschönerungsverein konnte 18.480 Mark aus Mitgliederbeiträgen und Spenden aufbringen, um den steinernen Aussichtsturm erbauen zu können.[43] Er startete einen

---

[41] EdG, 23. Juli 1909; Victor Gielen, Zwischen Aachener Wald und Münsterwald.- historische Plaudereien, Eupen 1975, S. 78ff
[42] EdG, 22. Oktober 1892
[43] EdG, 23. Juli 1909. Der Standort, die Bergkuppe Steineknipp liegt 358 m über NN und ist damit die höchste Erhebung des Aachener Stadtwaldes.

öffentlichkeitswirksamen Wettbewerb zwischen den Aachener Architekten, den der Architekt Hermann Jansen (1869-1945) gewann.

Im Frühjahr 1898 begann der Bau, am 14. Juli 1899 erfolgte die Einweihung, wobei der Beigeordnete Ebbing besonders den Anteil des Verschönerungsvereins hervorhob. Die Namen der Spender wurden auf zwei Bronzetafeln in der Vorhalle verewigt.[44] Der Turm hatte eine Plattform mit Galerie in 27 m Höhe und war bis zur Wetterfahne 42 m hoch. (Abb.22)

Diese Leistung des Verschönerungsvereins wurde gerne betont, so durch den Stadtverordneten Menghius:

„Zehn Jahre sind verflossen, seit der Aachener Verschönerungsverein den Aussichtsturm auf der Höhe des Aachener Waldes der Bürgerschaft stiftete. Ein stolzer „Schauinsland", ragt er weit über die Baumgipfel ins Land hinein. Doch wohl einer der schönsten Ausblicke von ihm ist der auf unser Aachen und das Gebiet, das man einstmals das „Aachener Reich" nannte."[45]

Die Erinnerung an die Freie Reichsstadt Aachen (1166-1792) wachzuhalten, war Teil des bürgerlichen Selbstverständnisses, nicht zuletzt, weil die Geschichte ein Touristenmagnet war. Der Verschönerungsverein blieb in reger Kommunikation mit dem Oberbürgermeister.

Der Lousberg war auch ein Anliegen, dem sich der Verschönerungsverein verpflichtet sah, weshalb er 1891 verschiedene Wünsche und Vorschläge an die Stadtverwaltung kommunizierte.[46] So beschwerte er sich über den unwürdigen Zustand der Aborte auf dem Lousberg und forderte die „Verschönerung" der Böschungen an der Vogelgasse, die damals den Zugang zum Lousberg darstellte. Zudem bedürfe der Platz an der

---

[44] AVZ, 7.8.1976-Helmut A.Crous. der Turm wurde erst an 30. März 1915 zum „Pelzertum" umbenannt in Erinnerung an den kurz zuvor verstorbenen Ludwig Pelzer. Der Pelzerturm wurde 1944 von der US-Armee gesprengt, da er militärisch genutzt worden war. Lediglich Fundamente sind noch vorhanden.
[45] EdG, 27. Juli 1909
[46] OB76-1-XIII Nr. 211 18. Sept. 1891

Südseite des Lousbergs einer Schutzvorrichtung gegen Wind und Wetter, weshalb sich der Verschönerungsverein bereit erklärte, sich mit einem „*erheblichen Betrage*" an den Kosten zu beteiligen. (Abb.4)

In der Stadt bemängelte er, dass die schönen Alleen Aachens genügender Reitwege entbehrten, weshalb der Verein vorschlug, die linke Seite der Monheimsallee als Reitweg umzuwandeln, was „*ohne weitere Kosten*" umsetzbar sei. Der Hinweis auf die Kostenneutralität sollte die Umsetzung erleichtern. Letztlich kommentierte der Verein die Aufstellung eines Photographie-Pavillon auf dem Platz vor dem Markttheater.

In einem Anschreiben vom 28. Februar 1893 bot der Vorstand des Vereins unter Vorbehalt 680 Mark für die Bepflanzung des Platzes vor der Kirche St. Peter, da für die endgültige Vergabe erst die Generalversammlung zustimmen müsste.[47] Zu diesem Zeitpunkt befand sich der Verein in eigenen Räumen in der Hochstraße 66,[48] eine der besten Adressen im Aachen der wilhelminischen Kaiserzeit.

Die Vorschläge des Verschönerungsverein fielen anscheinend auf fruchtbaren Boden, wie ein Brief an Oberbürgermeister Veltman[49] belegt:

„*Die gestrige Generalversammlung des Verschönerungs-Vereins hat einhellig beschlossen, der verehrlichen Stadtverwaltung im Allgemeinen und euer Hochwohlgeboren insbesondere ihre dankbare Anerkennung auszudrücken für die fortgesetzte bemerkenswerte Verschönerung, welche sie sowohl Teilen der inneren Stadt als auch dem Stadtgarten und dem Lousberg haben angedeihen lassen.*"[50]

Durch die gewählte Formulierung setzte sich der Verschönerungsverein in Beziehung zum Obrigkeitsstaat, denn die Verschönerungsaktionen wurden vom Verein bezahlt, der dabei aber vom Wohlwollen der Stadtverwaltung abhing.(Abb.5)

---

[47] OB76-1-XIII Nr. 186
[48] OB76-1-XIII, Nr. 203 15. Juli 1893, Die Hochstraße bezeichnet die heutige Theaterstrasse. Von 1915 bis 1944 umbenannt in Hindenburgstrasse.
[49] OB-16-1-XIV- Nr. 308 23. Juni 1899
[50] OB-16-1-XIV- Nr. 308 23. Juni 1899

4.3 „Wem die Stunde schlägt..." - Die Normal-Uhren in der Stadt Aachen

Bei der Verschönerung der Innenstadt und dem Ausbau der touristischen Infrastruktur konzentrierte sich der Verschönerungsverein darauf, mit anderen Großstädten gleichzuziehen. Durch den reichsweiten Ausbau der Eisenbahnen mit ihren normierten Fahrplänen wurde die Notwendigkeit erkannt, sich einer reichsweit normalisierten Zeit zu bedienen, weshalb „elektrische" Uhren eingeführt werden sollten.[51] Die Stadt Aachen plante seit 1890, solche öffentlichen Uhren aufzustellen[52], wobei nicht nur eine Normal-Uhr, sondern auch eine „Urania-Säule" mit Thermometer, Barometer und Luftfeuchtigkeitsmesser in Erwägung gezogen wurde. Konstruktionsbedingt schwankten jedoch die Angaben der Messgeräte erheblich, so dass von einem Einsatz abgesehen wurde.

Erst im April 1892 kam durch ein Angebot des Verschönerungsvereins wieder Bewegung in diese Überlegungen, da der Verschönerungsverein 1.000 Mark für die Aufstellung einer Normal-Uhr am Hansemann-Platz anbot.[53] (Abb. 5) Bei der Generalversammlung im Oktober 1892[54] konnte der Schriftführer Otto Hoyer berichten, dass die Beihilfe von 1.000 Mark von der Stadtverordneten-Versammlung[55] dankend angenommen worden sei.[56] Der Anschaffungsprozess lässt sich aus den Akten nachvollziehen, ausgehend von einem Kostenvoranschlag des Uhrmachers Schöll.[57] Die dazugehörige Blaupause[58] im Maßstab 1:20 sowie einer Lithographie der Normaluhr im Maßstab 1:150[59] sowie die Abschlussrechnung haben sich erhalten.

---

[51] Bock, Baedeker &Cook, S. 240 zur Veränderungs des Zeitgefühls „pünktlich wie die Eisenbahn".
[52] OB 76-1-XII, Nr. 27 folgende
[53] OB 76-1- XII Nr. 358
[54] 1892 verfügte der Verschönerungsverein über 238 Mitglieder, wovon 19 Personen Neuzugänge waren. Der Kassenbestand betrug 2237 Mark 78 Pfg.; das Jahreseinkommen 1400 Mark.
[55] OB76-1-XII Nr. 367
[56] EdG, 22. Oktober 1892, Nr. 247
[57] OB-76-1-XII Nr.360 ff
[58] OB76-1-XII Nr.363
[59] OB76-1-XII Nr. 313

„Die Uhren sind nach dem System Grau gebaut und durch den Uhrmacher A. Schöll in Aachen als Vertreter der Firma C. Th. Wagner in Wiesbaden geliefert worden."[60]

In der Rückschau 1909 über die Leistungen des Verschönerungsverein wird lobend erwähnt, dass der Verschönerungsverein 4.000 Mark für die Aufstellung von vier Normal-Uhren gespendet hatte.(Abb.11.13.14) Mit der Etablierung einer einheitlichen Zeitrechnung emanzipierte sich die großstädtische, industrialisierte Gesellschaft von den säkularen Vorgaben der Kirchenglocken; ein Prozess, der im Spätmittelalter mit der Aufstellung der Turmuhren begonnen hatte.

---

[60] Festschrift der XXXVI. Hauptversammlung des VDI, Aachen 1895, S.75 verweist bei der Beschreibung „Elektrische Uhren" ausdrücklich auf die Unterstützung des Verschönerungsvereins bei der Anschaffung elektrischer Uhren.

4.4 „Man sieht an ihm zu jeder Frist, was momentan für Wetter ist"

Die Ablehnung der „Urania-Säule" als Messstation führte wenige Jahre später zu einem neuen Projekt des Verschönerungsvereins, der 1895 in der Nähe des Elisenbrunnens ein sog. „Wetterhäuschen" erbauen ließ[61]. Die Stadt erklärte sich bereit, den Unterhalt und die jährliche Reinigung dieses Objektes zu übernehmen.[62] Dieses Kuriosum wurde bald auf einer Postkarte verewigt (Abb.7 und 8) und von der Aachener Bevölkerung mit einem humorigen Spottgedicht bedacht, dass den mangelnden Aussage- oder Wahrheitswert persiflierte.

„Das Wetterhäuschen unserer Stadt-
ist ein famoser Apparat.
Man sieht zu ihm an jeder Frist
was momentan für Wetter ist.
Steht's Häuschen da im Sonnenschein
Dann muß wohl gutes Wetter sein.
Ist's Häuschen nass, zieht man den Schluss
wir haben einen Regenguss.
Sieht man's auf zwanzig Schritt nicht mehr
dann denkt man gleich, es nebelt schwer.
Und wer da noch behauptet keck
das Häuschen hätte keinen Zweck.
Der schaffe sich 'nen Laubfrosch an
und seh' ob der es besser kann.[63]

---

[61] OB 76-1-XVIII 24. Juli 1895; OB76-1-XIV Nr.305 zeigt einen Lageplan mit den geplanten Standort.
[62] OB76-1-XVIII 24. Juli 1895 die jährliche Reinigung.
[63] Hartmann-Postkarte, Das Wetterhäuschen am Elisenbrunnen, Sammlung Crous

Oberbürgermeister Pelzer kam 1896 trotzdem nicht umhin, den Verein öffentlich zu loben:

„Dieser gemeinnützige Verein hat sich so manches Jahr und in erfolgreicher Weise um die Stadt verdient gemacht. Auch für die Zukunft warten seiner noch so manche schöne und lohnende Aufgaben, an seinen Unternehmungen und Bestrebungen habe ich beständig innigen Anteil genommen. Kein anderer Verein darf und muß so auf die Sympathie seiner Mitbürger rechnen. Denn die Beträge, die für die Verschönerung der Stadt aufgewendet werden, kommen uneingeschränkt und unmittelbar den Bürgern der Stadt wieder zugute. Jeder genießt die Verbesserungen und Verschönerungen und kann sich daran erfreuen. Sind es auch vielleicht, je nach dem Standpunkte, nur Kleinigkeiten, so sind es oft gerade diese, die, wie die kleinen Aufmerksamkeiten im menschlichen Leben, das Dasein verschönern, denn: „Weh tut's", wie Schiller sagt, „des Lebens kleine Zierden zu entbehren". "[64]

Für die bildungsbürgerlich Interessierten organisierte der Verschönerungsverein auch Vorträge, die u. a. die Vollversammlung auflockerten oder als Impuls-Referat dienten, so z. B. im November 1902[65], als der Stadtgartendirektor Wilhelm Weßberge über „Verschönerung der Städte durch öffentliche/gärtnerische Anlagen" berichtete. Prof. Kraus empfahl die Verschönerung des Ludwigplatzes (heute Veltmanplatz) mit einer Marmorbank und einem Bassin mit bronzenen Speier, ähnlich dem Krinoline-Brunnen.[66] Dieser Vorschlag wurde vertagt wegen des Komitees zum Kaiser-Fried-

---

[64] EdG, 23. Juli 1909 Das Zitat diente als bildungsbürgerliches Zeichen der Belesenheit und als schichtspezifische Zuordnung. Die Sentenz entstammt Friedrich Schillers Drama „Maria Stuart" von 1800.

[65] EdG, 25. November 1902

[66] Die Gestaltung des Luwigplatzes blieb lange ein Streitpunkt des Verschönerungsvereins. Am 21.September 1904 lehnte der Verschönerungsverein die „angeblich bevorstehende Beseitigung des strauchwerks der Ruine eine Beeinträchtigung der malerischen Wirkung des charakteristischen Restes der ehemaligen Stadtbefestigung" ab, so daß erst 1908 unterhalb des Marienturms eine Gartenanlage mit einem Weiher, der Ludwigsplatz (heute Veltmanplatz), angelegt wurde. Vgl.Wilhelm Weßberge: Die wichtigsten Baumarten unserer städtischen Gartenanlagen, Aachen 1908. Wilhelm Wessberge: Die öffentlichen Anlagen und der Aachener Wald. Aachen 1928

rich-Denkmal.[67] Bei dieser Vollversammlung bemängelte der Vorsitzende Dr. jur. Nellessen den schwachen Besuch. Er berichtete über den Tod von vier Mitgliedern, die den Verein mitgeprägt hatten, wie Geh. Kommerzienrat Oskar Erckens (1824-1901), der von 1881 bis 1896 als Präsident der IHK Aachen wirkte, der Geheime Sanitätsrat Jungbluth, Julius Maaßen und Karl Suermondt. Der Vorstand berichtete über die Errichtung einer Schutzhütte am Hühnerthalerweg durch den Oberförster Oster. Anschließend daran schlug Herr Mathee die Errichtung eines Schutzhäuschens am Lousberg vor.

Landgerichtsrat Braun empfahl eine Tannenpflanzung an der zum Siegel führenden Kleinbahnstrecke sowie „bewimpelte Flaggenmaste" an Aussichtspunkten im Aachener Wald, um die Orientierung zu erleichtern. Sein Engagement brachte ihm vereinsintern das Amt des Schriftführers ein, während der Stadtverordnete Hoyer als Schatzmeister ausschied und durch Ferdinand Knops ersetzt wurde. Der Bestand an Vereinsvermögen betrug 9.500 Mark.

Die innerstädtische Verschönerung versuchte der Verschönerungsverein 1904 durch einen Wettbewerb für vorzügliche Balkonausschmückung zu fördern, um die Stadtbevölkerung stärker einzubinden.[68] Weitere 20 Teilnehmer erhielten als Trostpreis „eine schöne Pflanze".[69] Die Wichtigkeit des Blumenschmucks zeigt sich auch in Eingaben des Verschönerungsvereins, den Blumenschmuck bei Kaiserbesuchen und ähnlichen Veranstaltungen hängen zu lassen, wozu der Ordnung halber eine polizeiliche Genehmigung eingeholt wurde. Wenn dieser Wettbewerb im folgenden Jahr auch nicht fortgeführt wurde, so wurde der Blumentag im Jahr 1911 ein Fest, an dem sich auch hol-

---

[67] EdG, 25. November 1902, Das Kaiser-Friedrich-Denkmal wurde von dem Bildhauer Hugo Lederer gestaltet und 1911 errichtet. Prof. Hugo Lederer wurde aufgrund seiner langjährigen Zusammenarbeit zum Ehrenmitglied des Verschönerungsvereins ernannt.
[68] 1. Preise: Leonard Giani, Hochstr. 16; Frl. Anna Frings. Mittelstr. 11; Rudolf Alker, Karlstr. 7; Eugen Haack, Charlottenstr. 101; Walter Kiehl, Boxgraben 90; Heinrich Welter II, Richardstr. 4. 2. Preise Peter Becker, Oranienstr. 8; Hermann Brammertz, Pontdriesch 1; Leonard Honings, Löhergraben 14; Frau Dr. von Streit, Kaiserplatz 9; Frau S. Beckhoff, Kaiserallee 109; F.W. Dames, Kapuzinergraben 46.
[69] Aachener Post, 13. August 1904

ländische und belgische Gäste beteiligten. Der Verschönerungsverein erhielt viel Lob für die Organisation.[70](Abb.19)

---

[70] Aachener Post, 25. Oktober 1911; zum Blumentag im Wilhelminischen Kaiserreich allgemein: Eva Schöck-Quinteros: Blumentage im Deutschen Reich. Zwischen bürgerlicher Wohltätigkeit und Klassenkampf. In: Ariadne. Forum für Frauen- und Geschlechtergeschichte, H. 39, 2001, S. 44–64.

4.5 „Dauerhafte Kunstwerke zu schaffen, heißt verschönern!"- Die Zierbrunnen in der Stadt Aachen

Der Aachener Verschönerungsverein startete 1907 ein weiteres Großprojekt, in dem er einen Wettbewerb für einen Zierbrunnen ausrichtete, wobei dem „Wehrhaften Schmied", dem Protagonisten einer Aachener Sage, in der Jakobstraße ein Denkmal gesetzt werden sollte. 29 Künstler beteiligten sich am Wettbewerb; am 2. Mai 1907 wurde durch das „hohe Preisgericht" der Sieger, Carl Burger[71], gekürt.[72](Abb.12)

Der Verein hatte 14.000 Mark aufgewendet für die Herstellung des Zierbrunnens.[73] Die Enthüllungsfeier im Juli 1909 war eine willkommene Gelegenheit, die Verdienste des Verschönerungsvereins bekannt zu machen. Der Oberbürgermeister war voll des Lobes:

„Das neue Werk des Verschönerungsvereines reiht sich würdig an die zahlreichen schönen Gaben an, die der Verschönerungsverein der Stadt selbst und der näheren Umgebung bereits gemacht hat. Das neue Denkmal legt Zeugnis ab von dem Kunstsinn der Mitglieder des Verschönerungsvereins und seines Vorstandes. Die idealen Bestrebungen des Verschönerungsvereins, der es sich zum Ziel gesetzt hat, die Schönheit der Stadt zu heben und die Liebe zur Vaterstadt zu fördern, verdienen warmen Dank und Anerkennung. Dank gebührt auch vor allem dem Vorsitzenden des Vereins, Herrn Stadtv. Menghius, und dem Vorstande."

Der Vorsitzende revanchierte sich umgehend mit einer Laudatio auf die anwesenden zivilen und militärischen Würdenträger und gab seiner Begeisterung für die große Anteilnahme der Bevölkerung Ausdruck:

„Mit freundlichen Worten hieß Herr Menghius sie „aus dem Grunde seines Herzens im Namen des Verschönerungsvereins" willkommen und dankt ihnen für ihre Teilnahme an der Enthüllungsfeier: Besonders dem Oberbürgermeister, dem Poli-

---
[71] Carl Burger (1875-1950), ab 1904 Lehrer für Plastik an der Kunstgewerbeschule in Aachen.
[72] Westdeutscher Beobachter, 8. August 1940.
[73] EdG, 23. Juli 1909

zeipräsidenten, dem es zu verdanken sei, daß man mitsamt dem Schmied von den anstürmenden Menschenmassen nicht die Klappergasse hinuntergeschwemmt worden sei, dem Landgerichtspräsidenten, der immer zur Stelle sei, wenn es sich um die Interessen der Verschönerung und die Geschichte unserer Vaterstadt handle, dem Bezirkskommandeur usw. Redner erfüllt eine dankbare Ehrenpflicht, indem er den Bildhauer Burger hochleben läßt. Im Namen der Gäste erwidert sofort Oberbürgermeister Veltman. Er hebt nochmals die Verdienste des Verschönerungsvereins hervor und anerkennt humorvoll, daß der offiziellen Feier ein feuchtfröhlicher Abschluß folge."[74]

Für das zentrumsnahe „Echo der Gegenwart" war die Enthüllungsfeier ein bedeutendes Event, so dass am nächsten Tag weiter berichtet wurde:

„Die Enthüllungsfeier nahm einen herzlichen, fast familiären Verlauf. Die Stadt war beim Verschönerungsverein froh zu Gast und konnte reich beschenkt nach Hause gehen."[75]

Welche politischen und gesellschaftlichen Vorstellungen mit den Denkmal verbunden waren, ist in der Eröffnungsrede festgehalten:

„Im Wehrhaften Schmied wollen wir die drei Bürgertugenden ehren: Arbeitsamkeit, Vaterlandsliebe, Bescheidenheit."(...)Und was verkörpert sich im Denkmal? Der Patriot, der Bürger, der Handwerker, der Arbeiter! Jedem Ein Vorbild! Wir wollen im Standbild die Vaterlands-und Freiheitsliebe wecken und erhalten unserem deutschen Vaterland, soweit die deutsche Zunge klingt!"[76]

Diese Appell an die Stadtbevölkerung wurde noch verstärkt:

„Endlich eine Ehrung des schlichten Arbeiters, wenn er seine Pflicht erfüllt gegen Gott, gegen die Obrigkeit, gegen seine Mitmenschen und gegen sich selbst."[77]

---
[74] EdG 27. Juli 1909
[75] EdG 28. Juli 1909
[76] EdG 27. Juli 1909
[77] EdG 27. Juli 1909

Diese Äußerung kann man als direkten Kommentar zur sozialen Frage in Aachen verstehen, der mit dem Verweis auf bestehende, göttliche wie weltliche, Autoritäten die Arbeiterschaft auf ihren Platz im wilhelminischen Kaiserreich verwies. Die „feuchtfröhliche" Runde blieb eine Elitenveranstaltung, so hielt Prof. Schmid die Laudatio auf Carl Burger, unterbrochen durch Hochrufe auf den Kaiser und auf Carl Burger.

„Das dritte Hoch auf Herrn Burger- aller guten Dinge sind drei- brachte im Namen der anwesenden Künstlerschaft und der Schulkollegen des Gefeierten Herr Ponten aus. Wir haben Herrn Ponten gebeten, zu seiner freundschaftlichen Würdigung des Künstlers eine Kritische seines Werkes, dessen Geschichte und Entstehung Herr Ponten besonders nahegestanden hat, in unseren Blatte folgen zu lassen."[78]

Die Konzentration auf bleibende Werke sorgte 1911 für ein weiteres Denkmal. Prof. Hugo Lederer, der bereits das Kaiser-Friedrich-Denkmal geschaffen hatte und bei der Herstellung des „Wehrhaften Schmieds" geholfen hatte, errichtete auf eigene Kosten den gefälligen Brunnen am Fischmarkt, d.h. das „Fischpüddelche". Für die Stiftung des Denkmals wurde er zum Ehrenmitglied des Verschönerungsvereins ernannt.[79] Der Streit um die Nacktheit des „Fischpüddelchens" beschäftigte die Aachener Gazetten und bot ein dankbares Thema beim Fastnachtszug des Jahres 1912, bei dem eine Kopie mit „Leibchen" mitgeführt wurde.

---

[78] EdG 27. Juli 1909 Servatius Josef Ponten (1883-1940) Schriftsteller, Kunsthistoriker mit Studium in Aachen und Geograph.
[79] Aachener Post 25. Oktober 1911, Nr. 250

4.6 Die „Visitenkarte der Stadt"- Der Bahnhofsvorplatz als gemeinsames Projekt des Verschönerungsvereins und des Verkehrsvereins

Die Bürgerschaft nutzte immer mehr den Verschönerungsverein, um auf innerstädtische Missstände hinzuweisen, um Druck auf die öffentliche Verwaltung auszuüben. Die Neugestaltung des Bahnhofsplatzes ab 1911 war ein Paradebeispiel für das bürgerliche Engagement, auch wenn der Besitzer dieses „Schandflecks" der Eisenbahnfiskus war. Nach Verlassen des Bahnhofs waren die Gäste gezwungen, eine schlammige, ungepflasterte Fläche zu überqueren, was einen fatalen ersten Eindruck vermittelte. Auffallend war zudem die Zusammenarbeit von Verkehrsverein und Verschönerungsverein, hatte sich doch der Verkehrs-verein bei seiner Gründung von den Zielen und Zwecken des Verschönerungsvereins abgegrenzt.

„Auf der einen Seite bemühen sich Verkehrs- und Verschönerungsverein mit allen Kräften, den Fremdenzufluß nach Aachen durch manigfache Reklame, durch Verschönerung der Stadt durch Denkmäler und durch Blumenschmuck und durch Erwirkung besserer Eisenbahnverbindungen u. a. zu steigern."[80]

Der „Volksfreund" berichtete ebenfalls über die Beschwerde mehrerer Bürger bezüglich des Terrains zwischen Römer- und Hackländerstrasse und appellierte an den Verschönerungsverein:

"Wir sind gewiß, daß der Verschönerungsverein, wenn er dazu imstande wäre, das seinige zur Beseitigung getan haben würde." [81]

Die Stadtverwaltung befand sich angesichts der Besitzverhältnisse für nicht zuständig[82], woraufhin der Verschönerungsverein sich 1912 bereit erklärte, die Bepflanzung der „öden Plätze am Hauptbahnhof" zu übernehmen.[83] Die Königliche Eisenbahndi-

---

[80] Politisches Tageblatt, 23. Mai 1911, I. Blatt Nr. 121
[81] Der Volksfreund, 7. Juli 1911, Nr. 156
[82] OB76-1-XVII, Nr. 87
[83] Politisches Tageblatt, 9. Juni 1912, Nr. 133

rektion erteilte dem Verschönerungsverein die widerrufliche Erlaubnis zur Bepflanzung der Plätze[84].

Der Erfolg konnte sich sehen lassen, wie zeitgenössische Postkarten erkennen lassen. Der „Volksfreund" war voll des Lobes ob der Gemeinschaftsaktion zur Sanierung des Bahnhofsvorplatzes.[85] (Abb. 9) Das Zusammengehen der Vereine war indes nicht ungewöhnlich, wie Spode feststellt:

„Am Ende des Kaiserreichs gab es kaum eine touristisch frequentierte Gemeinde oder Region, die nicht von einem Verein oder Verband betreut oder beworben wurde.(...) Die Vereinsmeierei hat durchaus verwirrende Züge angenommen. So sind die Grenzen zwischen den verschiedenen Arten von mit touristischen Fragen befassten Vereinen nicht eindeutig zu ziehen. Grob lassen sich zwei Arten unterscheiden, Zum einen die oben dargestellten „Alpen-" oder Gebirgsvereine, zum andern die lokalen „Heimat-", „Verschönerungs-" und „Verkehrs-Vereine". Erstere rekrutierten sich vor allen aus den Reisenden, letztere aus den Bereisten, den örlichen (sic!) Honoratioren, etwa den Gastwirten, Apothekern und Souvenirherstellern. Wobei die Heimat- und Verschönerungsvereine eher nach innen- als Produzenten von Identität und Bürgerlichkeit wirkten, während die Verkehrs-Vereine eher der Außenwirkung dienten. (...) Die Verkehrs-Vereine waren am Tourismus kommerziell interessiert."[86]

Die Generalversammlung des Verschönerungsvereins im Jahre 1914[87] bewilligte 3.500 Mark für den Bahnhofsvorplatz.[88] Kommerzienrat Ferdinand Knops berichtete

---

[84] OB76-1-XVIII- Nr. 105
[85] Der Volksfreund, 8. Juli 1913 Nr. 156
[86] Spode 2003, S. 94
[87] Aachener Allgemeine Zeitung, 10 Juli 1914, Nr. 285,Teilnehmer waren u.a. Stadtbaurat Bohrer, Oberstabsarzt der Landwehr Dr. Krebs als Chefarzt des Landesbades der Rheinprovinz, Bürgermeister a.D. Liessem, Kaufmann Karl Pöschel. Stadtrat Wilhelm Renner wurde in den Vorstand gewählt.
[88] Politisches Tageblatt, 11.06.1914

über ein Vereinsvermögen von 10851,18 Mark zum Stichtag 31. März 1914, davon: Einnahmen 2.124,87 Mark, Ausgaben 2.851,08 Mark.

Das aktuelle Projekt des Verschönerungsvereins 1914 war die Stiftung des „Milchhäuschens" am Kaiserplatz, wobei der Verein 1.495 Mark an die Stadt bezahlte.[89] Der Verein diskutierte, allerdings ohne Ergebnis, ob der Verschönerungsverein sich an der Gedenktafel des Verbandes der Aachener Turnvereine[90] für Friedrich Ludwig Jahn (1778-1852) beteiligen sollte. Zur Verschönerung des Krinolinenbrunnens am Schwertbad standen ebenfalls Geldmittel bereit, wobei ein Redner anmerkte:

„*die Selterswasserhäuschen und sonstigen „Sprudelbuden" können bei dieser Gelegenheit ruhig mit verschwinden.*"[91]

Mit dem Beginn des Ersten Weltkriegs endete die Geschichte des Verschönerungsvereins. Der Nachweis der Vereinsauflösung konnte bisher nicht gefunden werden, das Konzept der Honoratiorenvereinigung aus der bürgerlichen Oberschicht wurde durch die gesellschaftlichen Umwälzungen durch Krieg und Republikgründung obsolet.

---

[89] Aachener Allgemeine Zeitung, 10. Juli 1914, Nr. 285, vgl.OB76-1-XVII Nr. 187
[90] 1910 Mitgliedschaft im Verkehrs-Verein
[91] Politisches Tageblatt, 11.6.1914

5 Der „Verein zur Förderung des Verkehrs in Aachen" (1902-1918)

Die Gründung eines Verkehrsvereins war um die Jahrhundertwende ein Mittel, durch bürgerschaftliches Engagement den Charakter des örtlichen Fremdenverkehrs mitzubestimmen. Dabei unterteilten sich die Tätigkeitsfelder des Verkehrs-Vereins in verschiedene Bereiche, insbesondere das Stadtmarketing, die das Image der Gemeinde nach außen darstellen sollte sowie das Binnenmarketing, das für eine Verschönerung der Gemeinde als Fremdenverkehrsort sorgen wollte.[92] Letztere Aufgabe wurde in Aachen zu großen Teilen vom „Verschönerungsverein" übernommen, weshalb der am 6. April 1902 gegründete „Verein zur Förderung des Verkehrs in Aachen" vulgo „Verkehrsverein"[93] sich in der Aachener Post vom 16.12.1902 in einer Positionsbestimmung vom Verschönerungsverein einerseits distanzierte, da dieser „*andere Zwecke verfolge*", andererseits aber bereits auf den §9 der Satzung verwies, der bei Vereinsauflösung mit „*allem Wohlwollen*" die Übergabe des Vereinsvermögens an den Verschönerungsverein vorsah.[94]

Aachen befand sich im Zwiespalt zwischen Industriestandort und Badekurort in einer sich rasch dynamisierenden Gesellschaft und drohte hinter anderen Kurorten zurückzubleiben, so dass eine Neuorientierung des Kur- und Bäderwesens im allgemeinen Interesse bestand.[95] Insbesondere das „Odium" des „*Syphilisbades par excellence*" wirkte sich schädigend aus. Otto Hoyer[96] verweist im Inserat indirekt auf dieses Problem:

---

[92] Vgl. Nowack 2006, S. 41
[93] Aachener Post, 16.04.1902
[94] Aachener Post,16.12.1902; Nach Vergleich der Mitgliederverzeichnisse sind mehrere Vorstandsmitglieder in beiden Vereinen vertreten, so z.B. Veltman, Menghius, Braun, Delius, Frentzen, Pöschel.
[95] Vgl. Mendonça 2012, S. 8
[96] Otto Hoyer war Stadtverordneter und Besitzer des „Hotels zur kaiserlichen Krone". Er diente im Verschönerungsverein zeitweise als Schatzmeister und wurde auch Ehrenmitglied in Verkehrs-Verein. Als Präsident der Internationalen Hotelier-Vereinigung initiierte er 1897 die Verleihung der Vollkaufmannsrechte an die Besitzer kaufmännisch geleiteter Hotelbetriebe, wodurch das Gewerbe auch zur Handelskammer zugelassen wurde.

„Aachen's Ruf und Ruhm haben manche Beeinträchtigung erfahren, nicht zuletzt durch böse und neidische Feinde, die Ihm Abbruch zu thun (sic) gedenken, wo sie nur können."[97]

Deshalb formulierte er als Vorsitzender die Aktivitäten des Vereins in der „Aufforderung zum Beitritt in den Verein zur Förderung des Verkehrs in Aachen":

„Die Verbreitung des Ansehens unserer schönen Kaiserstadt, die Kundgebung ihrer vielen Vorzüge und Annehmlichkeiten nach außen, Anregungen zu Verbesserungen in allen Verkehrsverhältnissen, vornehmlich aber die Förderung des Fremdenverkehrs, Unterstützung der hier vorübergehend weilenden oder zuziehenden Fremden durch Rath und Tath - das sind die vornehmsten Aufgaben, die sich der „Verein zur Förderung des Verkehrs in Aachen" gestellt hat."

„Der Verein wird darin von einem großen für das weitere Emporblühen Aachens begeisterten Kreise der Bürgerschaft, der bereits seinen Beitritt angemeldet hat und dadurch seine moralische und materielle Hülfe (sic) an dem gemeinnützigen Werke zugesagt hat."

Der Verein wollte keine „Interessenwirthschaft" sein, sondern sollte explizit allen Schichten offenstehen, weshalb der Mitgliedsbeitrag auf 3 Mark festgelegt wurde, wobei der Beitritt jedem volljährigen Bürger, d. h. Männern ab 25 Jahren, ermöglicht werden sollte, um den Verein auf eine breite Basis zu stellen.

Der erste Vorstand bestand aus dem Stadtverordneten Otto Hoyer, dem Stadtverordneten Wilhelm Menghius, dem Schatzmeister J. Goßmann, dem Redakteur Carl Esser als Schriftführer, dem Oberbürgermeister Veltman, Landesgerichtsrat Dr. Braun, dem amerikanischen Konsul in Aachen Dr. Brundage, dem Geheimen Kommerzienrat Carl Delius, dem Direktor der Gasbeleuchtungsanstalt Drory, dem Kaufmann Louis Fahrenkamp, dem Oberlehrer Dr. Fritz, dem Stadtverordneten D. Heusen, dem Reverend

---

[97] Aachener Post, 23.04.1902

Jones (engl. Chaplain), Dr. med. Klinkenberg, dem Juwelier Heinrich Maath, Karl Pöschel, Sanitätsrat Dr. Rademaker, Stadtverordneter von Rapacki-Warnia und Kurdirektor G. Schwiening.

Die Vorstandsmitglieder stellen einen üblichen Querschnitt durch die Funktionselite des wilheminischen Kaiserreichs dar, was den Verein trotz seiner Schichten übergreifenden Intentionen eher als Honoratiorenversammlung erscheinen lässt.

Generalagent Bruno Pinagel unterhält ein provisorisches Informationsbureau in seinen Räumen in der Bahnhofsstraße 28[98], dessen Lage gegenüber dem Bahnhof ein Vorteil für den anreisenden Gast darstellt. Darüber hinaus schaltet der Verein erste Inserate in: *Berliner Tageblatt, Kölnische Zeitung, Kölnische Volkszeitung, Frankfurter Zeitung, Münchner Neueste Nachrichten, Düsseldorfer Generalanzeiger, Rotterdamer Courant, Het Niews van de Day, Etoile Belge, Le Patriote.*

Neben der offensichtlichen Konzentration auf Großstädte fielen die Landes- und Sprachgrenzen überschreitende Werbung in den Nachbarländern ins Auge, da sich Aachen als Kurort immer in Konkurrenz zum belgischen Spa befand und auch häufig von Niederländern besucht wurde aufgrund der geographischen Nähe zum höchsten Punkt der Niederlande, der bereits touristisch vermarktet wurde.

1903 konnte Otto Hoyer bereits Bilanz ziehen.[99] Das Vereinsvermögen betrug 1.821.43 Mark, die Einnahmen 3.180,15 Mark, die Ausgaben 1.358,72 Mark. Der Verein beschloß, zusammen mit dem Verschönerungsverein „eine Konkurrenz für Photographen" zu veranstalten, um neues Bildmaterial zu Werbezwecken zu gewinnen und die eigene Bekanntheit innerhalb Aachens zu steigern.[100]

Auch beim Thema der Wege-Verbesserung kooperierte der Verkehrsverein mit dem Verschönerungsverein, um den Waldweg zu den drei Grenzsteinen auszubauen. Herr Prof. Frentzen wurde aufgrund seiner Aktivität in den Vorstand gewählt und stellte

---

[98] Aachener Post, 16.12.1902
[99] Aachener Post 1903. Hoyer datiert die Gründung auf den 4. April 1902.
[100] Aachener Post, 13.5.1903

einen Antrag auf Verlängerung der Spielzeit des Stadttheaters aufgrund der Feststellung:

> *„Aachen leide eben aber als Kurstadt unter dem Rufe, eine der langweiligsten zu sein."*

Das Interesse der erholungsbedürftigen Kurgäste nach musischer Zerstreuung und kultureller Unterhaltung war für Aachen ein wunder Punkt, was auch Hasso Spode als generelles Problem der sich wandelnden Ansprüche der Gäste identifiziert:

> *„was um 1860 schon als Kurort galt, geht um 1910 noch als Sommerfrische durch."*[101]

Zur Hebung des Fremdenverkehrs konzentrierte sich der Verkehrsverein auf verschiedene Themenbereiche, die seiner Meinung nach „Verbesserung in allen Verkehrsverhältnissen" verlangten. Ich werde im folgenden aufzeigen, dass der Verkehrsverein sich dank seiner Mitglieder beständig an den drängenden Problemen der Zeit orientierte, die aus der beispiellosen Industrialisierungsgeschwindigkeit des Deutschen Reiches und dem damit einhergehenden Strukturwandel in allen Lebensbereichen resultierten, insbesondere der Adaptionsleistungen, die die Großstadt forderte.

---

[101] Spode 2003, S. 99

5.1 Die Vernetzung im innerstädtischen Vereinsleben und in der Rheinprovinz

Der Verkehrsverein suchte sein Tätigkeit zu erweitern, indem er Verbündete in der Hebung des Fremdenverkehrs suchte. Die im gesamten Kaiserreich stattfindenden Gründungen von Verkehrsvereinen verlangten nach einer übergreifenden, reichsweiten Organisation. 1904 wurde der Rheinische Verkehrsverein auf Initiative des Düsseldorfer Verkehrsvereins gegründet[102], der die Interessen in der Rheinprovinz bündeln sollte.

Geheimrat Delius konnte der Hauptversammlung 1904 vom Beitritt zum Rheinischen Verkehrsverein und zum Leipziger Bund deutscher Verkehrsvereine[103] berichten.[104] 1905 konnte der Vorstand vermelden, dass beide Organisationen Prospekte über Aachen erhalten hatten.[105] Der Kurdirektor befürwortete diese Maßnahme.

"Nachdem sich die Erkenntnis immer weiter Bahn gebrochen, daß das Reisen ein Bedürfnis, und daß durch den lebhaften Fremdenverkehr das wirtschaftliche Leben einer Großstadt stark beeinflußt werde, entfalteten größere und kleiner Städte eine außerordentliche Tätigkeit dahin, diesem Ereignis Rechnung zu tragen. Besonders seien es die Verkehrs-Vereine, die sich diese Sache angelegen sein ließen. Diese Verkehrs-Vereine gelangten dadurch zu immer größerer Würdigung, und sie hätten jetzt durch einen Zusammenschluß eine Bewegung gezeigt, deren Folgen für die Entwicklung der meisten Städte noch nicht abzusehen seien."[106]

---

[102] Nowack 2006, S. 43
[103] Matthias Frese, Naherholung und Ferntourismus. Tourismus und Tourismusförderung in Westfalen 1900-1970, S. 339-386, In: Wilfried Reininghaus / Karl Teppe (Hg.): Verkehr und Region im 19. und 20. Jahrhundert, Paderborn 1999, (=Forschungen zur Regionalgeschichte Bd. 29) Der Dachverband besaß im dritten Jahr 109 meist institutionelle Mitglieder. Nach kurzer Zeit überwog das städtische Engagement gegenüber den privaten Organisationen und den Einzelpersonen.
[104] Aachener Post, 13.8.1904
[105] Aachener Post, 17.05.1905
[106] Stadtverordnetenversammlung 1907

Die landesweite Verknüpfung durch die Vereinsorganisation im Fremdenverkehr sorgte für das Fazit des Verkehrs-Vereins 1912:

„Dank der Einigung im Rheinischen Verkehrs-Verein und andererseits im Bunde Deutscher Verkehrsvereine in Leipzig[107] ist ein mächtiges Netz erstklassiger Vereine und Verbindungen geschaffen, in denen ein Phalanx erfahrener Personen tätig ist, einmütig bestrebt, Deutschlands Emporblühen durch Hebung des Verkehrs in allen Teilen unseres weiten Vaterlandes."[108]

Die innerstädtischen Verknüpfungen[109] bestanden zu anderen Vereinen so z.B. zu dem Verein, der „Aachen am Wasser anstrebt" und den Bau eines Rhein-Maas-Schelde-Kanals befürwortete.[110] Der Aachener Siedlungs-Verband, der sich auf Standortmarketing, Wirtschaftsförderung und die Heranziehung von Industrien konzentrierte, war ein „Verbündeter", auch wenn hier der Konflikt zwischen Industriestandort und Heilbad offensichtlich war und mehr dem Interessenausgleich verschiedener lokaler Akteure galt. So fand auch der „Verein Aachen-Ost zur Hebung des Stadtteils Forst und Umgebung" das Wohlwollen des Verkehrsvereins:

„Alle diese Bestrebungen finden wärmste Aufnahme seitens des Verkehrs-Vereins, dem auch Sitz im Vorstande angeboten wurde."

Die Vernetzung in gegenseitigem Interesse erfolgte neben der Mitgliederwerbung. Zu diesem Zweck trafen sich 1905 der Verkehrsverein mit Aachener Hotelbesitzern, wobei der Verkehrsverein auf seine Schrift über Aachen hinwies, *„die ja mit in erster Linie für die Reklamebedürfnisse der Hotelbesitzer Verwendung finden soll"*, wobei besonders betont wurde, dass die erste Auflage bald vergriffen sei.[111]

---

[107] 1902 gegründet. Der Rechtsnachfolger „Deutscher Tourismusverband e.V." ist der einzige föderal aufgebaute touristische Dachverband kommunaler, regionaler und landesweiter Tourismusorganisationen und finanziert sich ausschließlich über Mitgliedsbeiträge.
[108] EdG, 25.1.1912, Nr. 21
[109] EdG, 24.1.1912
[110] Menghius war im Vorstand dieses Vereins 1918.
[111] Aachener Post, 13.8.1904 Broschüre, *„ ein gediegen ausgestattetes hübsches Werk „ das sich allgemeiner Anerkennung erfreut, Preis 40 Pfennige.*

Um den Fremdenverkehr zu fördern, wollte der Verein die Mindestpreise der Hotels auch an andere Reiseführer weitergeben[112], was von den Hotelbesitzern befürwortet wurde. Die Aktivierung der Hotelbesitzer hatte für den Verein auch andere Folgen, die dem Zeitungsleser nur angedeutet werden konnten.

„Außer der vorstehend erwähnten Angelegenheiten gelangten noch eine Reihe weiterer Sachen zur Erörterung, die ohne größeres Interesse für die Öffentlichkeit und daher an dieser Stelle nicht erwähnenswert sind. Es sei aber bemerkt, daß auch hier die Aussprache sich als sehr zweckmäßig erwies und vorraussichtlich nicht unwesentlich zu einer Förderung der Bestrebungen des Verkehrs-Vereins beitragen wird."[113]

Dem aufmerksamen Beobachter entging jedoch nicht, dass bei der Jahresversammlung 1905 dem Besitzer des am Bahnhof gelegenen „Union-Hotels" Stadtrat Otto Hoyer die Ehrenmitgliedschaft von Seiten des Stadtverordneten Menghius angetragen wurde[114].Bei den Vorstandswahlen wurde Menghius selbst Erster Vorsitzender, Dr. Fritz sein Stellvertreter. Johannes Goßmann war Schatzmeister, Dr. Mendelssohn wurde neu in den Vorstand gewählt.

Die Lütticher Weltausstellung (27. April - 6. November 1905) war eine günstige Gelegenheit, die Stadtverwaltung zu unterstützen.

„Der Vorstand des Verkehrs-Vereins hält es für zweckmäßig, die seitens der Stadtverwaltung mit dieser Summe (500 Mark) zu bestreitende Reklame nach der einen oder anderen Richtung zu ergänzen und hiefür besondere Mittel flüssig zu machen, welch zum Teil durch den Verein, zum Teil durch eine Sammlung in den am Fremdenverkehr unmittelbar interessierten Kreisen aufgebracht werden soll."

---

[112] Aachener Post, 16.4.1905
[113] Aachener Post, 16.4.1905
[114] Aachener Post, 17.5.1905

Obwohl der Verein 1904 bereits 350 Mitglieder zählte und ein Vereinsvermögen von 2.267,03 Mark verfügte[115], waren seine Möglichkeiten zur Kooperation noch begrenzt. Das Problem, geeignete Feiertage für den Fremdenverkehr nutzbar zu machen, fiel dem Verkehrs-Verein besonders 1905 auf, als anlässlich des 100. Todestags Friedrich Schillers reichsweite Festlichkeiten stattfanden, aber nicht in Aachen. Das Mitglied Dr. Mendelssohn kommentierte angesichts dieser blamablen Tatsache:

„Es ist es wohl erwähnt worden, aber wir haben nicht das große Mundwerk wie die Kölner und sind nicht halb so überzeugt wie die Düsseldorfer von unserem Werk, um alles, was wir machen, in die Welt hinauszuposaunen."[116]

Gesteigerte Mitgliederwerbung führte 1905 zur höchsten Mitgliederzahl der Gesamtbestandsdauer.[117] 414 Mitglieder inklusive dem neuen Ehrenmitglied Otto Hoyer arbeiteten dem Verein zu, so dass der Verein 1.315 Mark für Reklame reservieren konnte.[118] Dazu wurde empfohlen, das „Kaiserpanorama" mit Bildern von Aachen in allen Deutschen Städten als Werbeträger zu nutzen.[119] Der Verein erlaubte neben Privatpersonen auch Vereinen und Geschäften die Mitgliedschaft, wenn sie an der Hebung des Fremdenverkehrs interessiert waren, um die in Aachen vorhandenen Kräfte zu bündeln. Das Mitgliederverzeichnis von 1910 listete diese auf:

Aachener Baugewerkenverein, Aachener Buchhändlerverein, Aachener Droschkenbesitzerverein, Aachener Thermalwasser Kaiserbrunnen A.G., Aachener Wirteverein, Alemannia-Fussballclub, Artillerieverein, Bergisch Märkische Bank, Conditor-In-

---

[115] Aachener Post, 16.12.1904
[116] Aachener Post, 17.5.1905
[117] Aachener Post, 17.5.1905
[118] Aachener Post, 17.5.1905, Einnahmen 5316,03 M, Ausgaben 2436,01 Mark, Kassenbestand 2880,02 Mark
[119] Dieter Lorenz: Das Kaiserpanorama. Ein Unternehmen des August Fuhrmann, München 2010 1910 bestanden 250 Kaiserpanoramen in deutschen Städten. Im Kaiserpanorama konnten 25 Personen 30 Minuten lang stereoskopische Bilderserien zu betrachten, die für kleines Geld einen seltenen Einblick in die „große weite Welt" ermöglichten.

nung, Gas-Erleuchtungsanstalt, Kameradschaftliche Vereinigung[120], Restaurant Aussichtsturm, Ochsenmetzger-Zwangsinnung, Verband Aachener Turnvereine; seit 1909 Beitritt des *Aachener Tierschutzvereins*. Die Vereine förderten den Verkehrs-Verein durch Spenden, wie die Hauptversammlung 1912 belegte.

„Dankbar sei der Gasgesellschaft gedacht, die 1911 uns 500 Mark überwies. Der Rabattsparverein gab 100 Mark, Gastwirte-Innung 50 Mark, Metzger- Brauer- Bäder-Innung je 25 Mark, ebenso Turnvereine, Naturwissenschaftlicher und Handwerkerverein. "[121]

Der Verkehrs-Verein seinerseits sponserte verschiedene Sportvereine, um den Bekanntheitsgrad des Vereins zu steigern. Er vergab 1905 50 Mark bzw. eine silberne Medaille gleichen Wertes an die „Vereinigte Radfahrerschaft 1896" zur Unterstützung des Radrennens am 1. Juni 1905 in Aachen. Die Radfahrer-Union erhielt 200 Mark.[122] Der mittelbare Zweck war dabei auch, überregionale Vereine und Verbände zu umwerben, Aachen als Tagungsort für ihre jährlichen Mitgliederversammlungen zu wählen.[123] So waren dann am 1. August 1914 die Straßen für das Vereinsfest des Deutschen Radfahrerverbandes geschmückt und dienten danach als Staffage für die Straßendemonstrationen zum Ausbruch des Ersten Weltkriegs. Der Verkehrs-Verein suchte seine Mitglieder auch bei den etablierten Geselligkeitsvereinen, die sich in ihrer Zusammensetzung schichtspezifisch abgrenzten.

Dabei waren die Männergesangsvereine ein lohnender Partner in der Musikstadt Aachen. Die Vereine *Harmonia, Hilaria, Concordia* und *Orphea* traten dem Verkehrsverein bei, der Männergesangsverein *Orphea* bekam 1907 eine Unterstützung von 50 Mark[124]. Die Veranstaltung des „Niederrheinischen Musikfests" tat ein Übriges, Aa-

---

[120] Vgl. Thomas Rohkrämer: Der Militarismus der "kleinen Leute": die Kriegervereine im Deutschen Kaiserreich 1871 – 1914, München 1990. Dieser Kriegerverein wurde 1868 gegründet.
[121] Vgl. Politisches Tageblatt, 4.5.1911
[122] Aachener Post, 3.5.1907
[123] So erhielt z.B. der Kegler-Verband Aachener Post, 16.4.1905 50 Mark.
[124] Aachener Post, 3.5.1907

chen als Musikstadt zu etablieren, da turnusgemäß Aachen 1906, 1909 und 1912 als Ausrichter in Erscheinung trat.[125] Nach der Werbetätigkeit im Schlepptau der Lütticher Weltausstellung wurde auch die 1907 stattfindende Sonderausstellung für christliche Kunst 15. August – 20. September gesondert beworben. (Abb.17 und 18) Der Verkehrsverein beteiligte sich mit einer Spende von 500 Mark an der Initiative der Stadtverwaltung.[126] Bei der Hauptversammlung wies der Kassenwart auf Einnahmen von 4.858,84 Mark, Ausgaben von 1.951,47 Mark und einem Bestand von 2.907,37 Mark bei 355 Mitgliedern. Die Jahresversammlung des Deutschen Militär-Brieftaubenzüchter-Verbands wurde ebenfalls mit 50 Mark unterstützt, nicht zuletzt, da Adolf Zurhelle mit einigen Sportfreunden in Aachen den ersten Brieftaubenzuchtverein 1834 gegründet hatte. (Abb. 16)

Auch der Aachener Karneval wurde verschiedentlich unterstützt, so z. B. 1907 mit 500 Mark für den Faschingszug[127], ebenso wie 1911 mit derselben Summe.[128]

Am 1. Mai 1909 verfügte der Verein über 393 Mitglieder, am 1. Mai 1910 waren es 394 Mitglieder, der Verein verlor 23 Mitglieder durch Tod oder Wegzug und erhielt Zuwachs durch 24 Neuanmeldungen. Beigeordneter Ebbing meldete den Aachener Tierschutzverein zum Beitritt an. Im Jahre 1911 zog der Vorsitzende eine positive Bilanz:

„Die Hauptarbeit des Aachener Vereins bestand nämlich aus Propaganda. Der Vorsitzende stellte ihm das Zeugnis aus, daß er nach Maßgabe seiner Mittel darin seine Pflicht redlich erfüllt hat. Er hat sich beteiligt an der Brüsseler Ausstellung, der Düsseldorfer Ausstellung und an der internationalen Reise– und Verkehrsausstellung."[129]

---

[125] Christine Moraal, Musik in Aachen, eine Musikgeschichte der Kaiserstadt, Aachen 2008
[126] Aachener Post, 3.5.1907
[127] Aachener Post, 3.5.1907
[128] Politisches Tageblatt, 4.5.1911
[129] Politisches Tageblatt, 4.5.1911

Gemeint sind die Brüsseler „*Weltausstellung*" 1910, die „*Internationale Städtebau-Ausstellung*" August 1910 in Düsseldorf und die „*Internationale Verkehrsausstellung*" in Düsseldorf.

Neben Geldgaben von 50 Mark an die Schillerherbergen und von 30 Mark an die Karlschützen[130] hielt der Verkehrsverein 1.000 Mark für einen Überlandflug bereit, die allerdings zum Zeitpunkt der Versammlung nicht abgehoben worden waren. Damit folgte der Verkehrs-Verein einer bereits 1910 erhobenen Forderung:

„*Die Veranstaltung wäre eine* attraction (Hervorhebung im Original) *ersten Ranges für Aachen von großem Nutzen. In Anbetracht dessen wird die Stadt auch sicher nicht zögern, wenn es gilt, das Unternehmen durch Stiftung eines Preises oder sonst wie zu fördern...Von spezieller Bedeutung ist die Angelegenheit für unser Kurwesen, dem sich da eine außergewöhnliche Möglichkeit zur Propaganda bietet. Es ist nicht unwahrscheinlich, daß die Kurdirektion, die zunächst für diesen Herbst in Aussicht genommene Flugwoche nur verschoben hat, um sie mit dem nächstjährigen Ereignis zu verbinden*"[131]

Die Stadt konnte die Flugwoche nicht eigenständig finanzieren und war deshalb an die Vereine herangetreten.[132] Dr. Rothschuh als Begründer des örtlichen Luftflottenvereins und der AVL 1911 war gewiss ein Fürsprecher dieser Werbemaßnahme.[133] Auch die Postwerbung wurde betrieben, denn die Mitglieder erhielten einen Bogen mit „Klebverschlußmarken, die Bilder von und aus Aachen zieren." Der Ver-

---

[130] Politisches Tageblatt, 4.5.1911
[131] EdG, 1.10.1910 Nr. 230
[132] OB 70-33-1 Nr. 3, Rüdiger Haude, Grenzflüge- Politische Symbolik der Luftfahrt vor dem ersten Weltkriege, das Beispiel Aachen, Köln Weimar 2007, S. 186ff, ebenso S. 359: Der Termin wurde auf den 25. Mai 1911 gelegt, an dem auch der Margareten- bzw. Blumentag stattfinden sollte. Zu karitativen Zwecken verkauften junge Frauen zumeist künstliche Blumen, die dann als Spendennachweis am Revers befestigt wurden. Das erwartete Luftschiff „Deutschland" havarierte am 16.Mai 1911, so daß der Aachener Blumentag ohne Zeppelinbeteiligung stattfand.
[133] EdG, 24. Januar 1912: Dr. Rothschuh, der Vorsitzende der hiesigen Esperantogruppe, gab dann noch von der Anmeldung seines Vereins Mitteilung, Vgl. Haude 2007, S. 204) Örtlicher Luftflottenverein von 1908 und AVL 1911 (Haude 2007, S. 193)

ein entschied sich am 11. Mai 1911 bei schwacher Beteiligung für die Zusammenlegung von Kalenderjahr und Vereinsjahr, so dass die 10. Jahresversammlung am 23. Januar 1912 stattfand.[134] Herr Schwinges verwies auf einen Beitrag der Rubrik „Eingesandt" des Politischen Tageblatts, welches die fehlende Teilnahme an der Internationalen Hygiene-Ausstellung Dresden 1911 beklagte, die im Zeitraum 6. Mai bis 31. Oktober 1911 stattgefunden hatte.[135] Der Vorsitzende musste Abbitte leisten und auf die begrenzten Mittel des Verkehrs-Vereins verweisen.

„Der Vorsitzende bittet um mehr Unterstützung der Bürgerschaft in solchen Fällen. Was den Verkehrs-Verein betreffe, so tue er alles mit seinen bescheidenen Mitteln, was eben zu tun sei. An sich hätte es im vorliegenden Falle nicht an Unternehmungsgeist gefehlt, auch nicht bei der Stadtverwaltung."[136]

Der Kurdirektor Hey'l verwies darauf, dass eine Teilnahme Aachen mit über 12.000 Mark die Stadt zu teuer gekommen wäre, da selbst Städte wie Wiesbaden 30.000 Mark für ihren Stand bezahlten.

Der 59. Katholikentag 1912 in Aachen bot dagegen eine Gelegenheit, die der Verkehrsverein nutzen konnte, da der Schriftführer des Vereins Mitglied des Verkehrs--Ausschusses war. Daneben konzentrierte man sich auf die Kongressbetreuung beim Deutschen Schwimmertag. 1913 findet sich nur eine kurze Erwähnung in den Zeitungen. Das „Echo der Gegenwart" berichtet über den Plan, aufgrund der rückläufigen Mitgliederzahlen ein „Agitationskomitee zur Mitgliederwerbung" zu etablieren.[137]

Mit Ausbruch des ersten Weltkrieges reduzierten sich die Tätigkeiten des Verkehrsverein. Der Stadtverordnete Menghius beklagte die Schließung des Verkehrsbureaus am Elisenbrunnens im September 1914, als die neue A.G.- für Kur und Badebetrieb

---

[134] EdG, 24.1.1912
[135] Klaus Vogel / Christoph Wingender: „*... deren Besuch sich daher unter allen Umständen lohnt"* Die I. Internationale Hygiene-Ausstellung 1911. In: Dresdner Hefte, Nr. 63, Große Ausstellungen um 1900 und in den zwanziger Jahren. Dresden 2000, S. 44–52
[136] Edg, 24.1.1912
[137] EdG 22.1.1913 2. Blatt, ebenso Aachener Post 22.01.1913

der Stadt Aachen die Lokalitäten übernahm und als Reisebüro nutzte. Menghius übernahm selbst den „Papierkrieg", der 1916 über 1000 Anfragen und 800 Antworten enthielt. Bei der Versammlung im Mai 1918 versuchte er der Kriegssituation noch etwas Positives abzugewinnen:

> *„Ein gleicher Erfolg ist die Wahl Aachens als Austauschstation der deutschen und englischen Gefangenen und Verwundeten: der erste Ort, wo deutsche Brüder den ersten Fuß auf heimatlichen Boden entbieten, wird unvergeßlich im Gedächtnis haften."*[138]

Aachens Lage als Eisenbahnknotenpunkt direkt hinter der deutschen Grenze und seine Ausstattung als Lazarettstadt dürften triftigere Gründe gewesen sein, da es sich bei den Ausgetauschten zumeist um Kriegsversehrte handelte, die aufgrund ihrer erkennbaren Dienstunfähigkeit ihren militärischen Nutzen verloren hatten und deshalb in ihre Heimat zurückkehren durften. Der Redner konzentrierte sich bereits auf die Zeit nach dem Krieg:

> *„Jetzt wird es aber Zeit, dem Provisorium ein Ende zu setzen und für eine prächtige und großzügige Einrichtung zu sorgen, die Aachens würdig ist und ihrem Zweck entspricht."*

Bei dieser Versammlung erhielt Oberbürgermeister Farwick die Ehrenmitgliedschaft und sagte im Gegenzug dem Verein eine Beihilfe von 500 Mark zu, die diesem Zweck dienen sollten. Herr Wulff von der Aktiengesellschaft für Kur- und Badebetrieb trat dem Vorstand bei, ebenso Herr Ulrich Müller von der Handelskammer. Bei der Bilanz konnte der langjährige Kassenwart Bruno Pinagel, der den Verein von der Gründung an begleitet hatte, vermelden, dass sich 7.000 Mark in der Kasse befinden, von denen 1.000 Mark als Kriegsanleihen angelegt worden waren. Der Verkehrsverein plante, Aachen als Sitz von Vereinen und Instituten zu fördern und verwies auf das neu etablierte Wollforschungsinstitut, den katholischen Franziskus-Xaverius-Mis-

---

[138] Politisches Tageblatt, 16.05.1918

sionsverein und den Deutschen Frauenbund als Erfolge. Die Umsetzung dieser ambitionierten Pläne wurde durch das Ende des Wilhelminischen Kaiserreichs verhindert, nach 1918 lässt sich der Verkehrsverein nicht mehr nachweisen.

5.2 Die Entwicklung des Verkehrs-und Auskunftsbureaus im Elisenbrunnen – Ein Zuschussgeschäft

Der sichtbarste Teil eines Verkehrsvereins ist sicherlich die Beratungsleistung für ankommende Reisende. Diese Tätigkeit wurde provisorisch von Bruno Pinagel in seinen Geschäftsräumen in der Bahnhofstrasse 28 geleistet, während der Stadtverordnete Menghius den Schriftverkehr abhandelte.[139] Kurdirektor Hey´l erkannte den Bedarf für ein Verkehrs- und Auskunftsbureau und die Unzulänglichkeit der bisherigen Möglichkeiten:

„Das Bedürfnis nach einer derartigen Einrichtung trete natürlich in einem Kurorte ganz besonders zutage, weshalb jetzt viele Kurorte, besonders auch Wiesbaden zur Einrichtung derartiger Büros übergegangen seien. Auch dem sich steigernden Verkehr hiesiger Städte könnte ein städtisches Verkehrs-und Auskunftsbüro von großem Nutzen sein. Bei dem Charakter der Stadt Aachen als internationalem Badeort, sei dieses Büro zweckdienlich mit der Kurverwaltung zu verbinden. Die zur Zeit bestehende Einrichtung am Hauptbahnhof, geleitet von Herrn Pinagel, Bahnhofstraße, könne natürlich diesen Anforderungen an ein modernes Reisebüro nicht entsprechen, und der hiesiger Verkehrs-Verein sei bei aller Rührigkeit und Tätigkeit nicht in der Lage, ein eigenes Büro ins Leben zu rufen, weil ihm die Mittel dazu fehlten. Das im Elisenbrunnen gelegene Unterhaltungszimmer, welches seinem eigentlichen Zweck in nur geringem Maße entspreche, sei wegen seiner außerordentlich günstigen Lage zur Einrichtung eines derartigen Büros wie geschaffen. Mit verhältnismäßig geringen Mitteln könne dieser Raum zu einem Verkehrsbüro umgestaltet werden. Das Unterhaltungszimmer soll dabei seinen Charakter

---

[139] Stadtverordneter Menghius: *„Selbstverständlich könne er als Vorsitzender des Verkehrs-Vereins den Antrag nur warm begrüßen, wie er denn auch mit Interesse den Ausführungen des Herrn Kurdirektors gefolgt sei. Der Verkehrs-Verein mit seinen geringen Mitteln habe sich eben behelfen müssen, so gut es ging. Herr Bruno Pinagel hauptsächlich habe unentgeltlich Auskünfte erteilt, während die schriftlichen Arbeiten er (Redner) selbst besorgt habe."* Stadtverordnetenversammlung April 1907

als solches nur zum Teil einbüßen, weil ja nur ein Teil dieses für das Verkehrsbüro abzutrennen sei, der übrige Teil soll als Unterhaltungszimmer erhalten bleiben."[140]

Der bei der Stadtverordnetenversammlung anwesende Vorsitzende kommentierte den Vorschlag

„Er sei sehr erfreut darüber, daß die Herren sich einstimmig für die Errichtung des Verkehrs-und Auskunftsbüros aussprächen."[141]

Die Finanzknappheit kommentierte er so:

„Der Verkehrsverein mit seinen geringen Mitteln habe sich eben behelfen müssen, so gut es ging."

Die Einrichtung des städtischen Verkehrs-und Auskunftsbüro wurde bei der Jahresversammlung des Verkehrsvereins thematisiert[142] Der Verein *„befürwortete warm die Einrichtung des städtischen Verkehrs-und Auskunftbureaus, das mit dem heutigen Tage ins Leben tritt."*[143]

Obwohl der Verein über 355 Mitglieder zählte, die einen Mitgliedsbeitrag von 3 Mark jährlich entrichteten, blieb nur die Feststellung:

„Die Mittel des Verkehrs-Verein erlaubten nicht die Anmietung eines eigenen Lokals und Anstellung eines ständigen Leiters."

Der Verein gelobte ein „zweckdienliches Geschenk" und dankte dem anwesenden Kurdirektor Hey´l für sein Engagement. In einem Schreiben an den Oberbürgermeister vom 28. März 1908 bestätigte der Vorstand einen Kredit für das Städtische Verkehrs-und Auskunftsbüro:

---

[140] Stadtverordnetenversammlung April 1907, Verwaltungsberichte. Das Unterhaltungszimmer diente der sozial adäquaten Kontaktaufnahme zwischen Kurgästen.
[141] Stadtverordnetenversammlung April 1907 Verwaltungsberichte
[142] Aachener Post. 3.5.1907
[143] Aachener Post, 3.5.1907; Mendonça 2012, S. 9 nennt den 15. Mai 1907 als Arbeitsbeginn des Städtischen Verkehrs-und Auskunftsbüros.

„*In einer Sitzung am 1. Mai 1907 behielt sich der Verkehrs-Verein anlässlich der Eröffnung des städtischen Verkehrs- und Auskunftsbüros vor, die Einrichtung des genannten Büros zu gegebener Zeit durch ein zweckdienliches Geschenk zu vergrößern. In Erledigung dieses Beschlusses wurde in der Vorstandssitzung am 3. Februar dieses Jahres dem Herrn Kurdirektor ein Credit bis zu Mk. 600,00 eröffnet, zum Ankauf eines Fahrkartenschrankes und der übrigen notwendigen Utensilien, welche bei der in Frage kommenden Einrichtung einer Fahrkarten-Ausgabe im städtischen Verkehrs-und Auskunftsbüro erforderlich sind. Indem wir Ew. Hochwohlgeboren hiervon ergebenst in Kenntnis setzen, zeichnet mit ergebenster Hochachtung! Der Vorstand.*"[144]

Der bürokratische Anschaffungsprozess dieses Fahrkartenschrankes inkl. Blaupausen und Kostenvoranschlägen hat sich in den Akten erhalten.[145]

Die Unterstützung des Verkehrs-Vereins erhielt Kurdirektor Hey´l auch im März 1908 durch die Überlassung und Weiternutzung der vom Verkehrsverein aufgestellten Auskunftstafeln :

„*Der hiesige „Verkehrs-Verein" (Anführungsstriche im Original) hat sich auf meinen Antrag bereit erklärt, zwei grosse, gut erhaltene Holztafeln mit Fuss, welche er früher am alten Bahnhofsgebäude zur Information der ankommenden Fremden benutzte, dem städtischen Verkehrs- und Auskunftsbüro zu überlassen. Ich schlage vor, die beiden Tafeln mit neuem Anstrich und entsprechender Inschrift zu versehen und je eine am <u>Hauptbahnhofe</u> und Bahnhofe <u>Templerbend</u> an gut sichtbarer und den ankommenden Fremden in die Augen fallender Stelle aufstellen lassen zu wollen.(...) Es unterliegt kein Zweifel, dass dieser Hinweis der Stadt für die Aachen besuchenden Fremden (sowohl bei längerem Aufenthalt wie für den Passantenverkehr) von außerordentlichen Werte und dementsprechend viel benutzt würde, wo-*

---

[144] OB70-27-I Nr.130 vom 28. März 1908
[145] Aachener Post, 21. Oktober 1908

durch wiederum die Tätigkeit des Städt. Verkehrs-und Auskunftsbüros entsprechend erhöht und bereichert würde."[146]

Der Kurausschuss bewilligte am 2. April 1908 die Aufstellung mit einer viersprachigen Beschriftung. Die Aufstellung findet ihrer Niederschlag in der Lokalpresse[147], während die jährliche Instandsetzung vom Stadtbaurat für Hochbau in Rechnung gestellt wurde. Die Stadt bezahlte für die Instandsetzung der Tafeln 127,75 Mark. Die Instandhaltung 1909 kostete 17,10 Mark, 1910 13,31 Mark.[148] Der Verkehrsverein lobte öffentlich die Tätigkeit des Städtischen Verkehrs- und Auskunftsbüros.

„Die Organisation des Bureaus sei eine derartige, daß sie an Bequemlichkeit und Schnelligkeit der zudem kostenlosen Auskunftserteilung alle ähnlichen Institute anderer Städte übertreffe."[149]

Die Unterstützung des Verkehrsvereins war der Zweckmäßigkeit geschuldet, so erwog der Verkehrsverein die Anbringung eines Eisenschildes mit der Aufschrift „Amtliche Fahrkartenausgabe Aachen Stadt" an der östlichen Seite des Elisenbrunnens[150], worüber der Leiter des Verkehrs- und Auskunftsbüros Zoppa den Kurdirektor informierte. Das Ansinnen wurde am 1. Februar 1909 abgelehnt:

„Die Anbringung des Schildes, das nebenstehende Form hat, an der gewünschten Stelle ist aus ästhetischen Gründen ganz unmöglich. Dagegen kann eine entsprechende Aufschrift ohne weiteres auf den beiden schwarzen Tafeln rechts und links vom Eingang am Verkehrsbüro angebracht werden, wo am unteren Ende noch genügend Platz vorhanden ist."[151]

Nach einem Jahr Betriebszeit zog Kurdirektor Hey'l ein erstes Fazit:

---

[146] OB-70-27-I Nr. 146: 20. März 1908
[147] Aachener Post, 29.08.1908
[148] OB70-27-II/52 Originalrechnung, /.Oktober 1908, 25.05.1909, 23.09.1910
[149] Aachener Post, 29.4.1908
[150] OB-70-27-I Nr. 212
[151] OB-70-27-I Nr. 212

„Die Frage soll hier nicht näher erörtert werden, ob ein Verkehrs-und Auskunftsbüro wie das unsrige, welches doch in erster Linie eine gemeinnützige Einrichtung und kein Erwerbsinstitut, überhaupt ohne Zuschuss seitens der Stadt oder eine Vereins bestehen kann. Die beifolgende Aufstellung (Anlage3[152]), welcher eine diesbezügliche Rundfrage an die Verkehrsbüros von 52 größeren deutschen Städten zu Grunde liegt, beweist, dass alle angefragten Büros auf mehr oder minder große Zuschüsse der Städte und Verkehrs-Vereine angewiesen sind. In den meisten Fällen leisten die Städte erhebliche Zuschüsse, nur bei einer kleinen Anzahl werden die Unkosten lediglich aus den Mitgliederbeiträgen der Verkehrs-Vereine bestritten. Aus dieser Aufstellung ist weiter von Interesse, dass von den 52 Verkehrsbüros nur 3 unter städtischer Regie stehen, während fast alle übrigen von Verkehrs-Vereinen gegründet und unterhalten werden."[153]

Die von Hey´l in der Stadtverordnetenversammlung vorgelegte und bewilligte Kalkulation ging von einer Anfangsinvestition von 15.000 Mark aus, die sich vor allem durch die Abonnenten des „Kur- und Fremdenblattes" bzw. des „Städtischen Anzeigers" finanzieren sollte, wobei Hey´l zur Überzeugung der Abgeordneten betonte:

„Nun möchte er aber ausdrücklich betonen, daß es sicherlich der Verwaltung nicht drauf ankommen könnte, einen Überschuß mit einer derartigen Einrichtung zu erzielen, das sei auch gar nicht beabsichtigt, wenn es aber trotzdem erreicht werde, würde man sich selbstverständlich freuen."

Die Verluste des Verkehrs- und Auskunftsbüros führten bei der Jahresversammlung 1910 zu der Initiative Hey´ls, *„wie es zu machen sei, die Mitgliederzahl zu heben. Die müßte für eine Stadt wie Aachen das Dreifache betragen."*[154] Eine solche Erhöhung der Mitgliederzahl würde die Finanzlage des Vereins entscheidend verbessern

---

[152] OB 70-27-I Nr. 240/241
[153] Hey´l, Denkschrift 1908
[154] Aachener Post 11.5.1910 Abgang von 20 Mitgliedern, Zulauf 3 Mitglieder, insgesamt 380 Mitglieder und ein Ehrenmitglied, davon 9 weibliche Mitglieder. Das Kassenvermögen beträgt 347 Mark.

und folglich auch Zuschüsse ermöglichen.(Abb. 5) Das „Politische Tageblatt" berichtete 1911 über eine sehr schwach besuchte Hauptversammlung:

> *„Während früher die Verkehrs-Vereine ganz vereinzelt dastanden, hat jetzt fast jeder kleine Ort einen solchen. Auch der Preußische Staat, der bis jetzt etwas zurückblieb, zeigt jetzt mehr und mehr Interesse an den „Warten des Verkehrs", die Tag für Tag auf dem Posten sind, um die Interessen Ihrer Vaterstadt zu fördern."*[155]

Das Interesse der Stadt Aachen an einer stärkeren Beteiligung des Verkehrsvereins wird so nur angedeutet. Bei einer Rentabilitätsprüfung am 29. Mai 1913 stellte das Städtische Verkehrsamt fest, das seit Bestehen des Verkehrs- und Auskunftsbüro die Stadt jedes Jahr einen Zuschuss leisten musste: 1907 waren es 5.088 Mark, 1908 6.260 Mark, danach sanken die Zuschüsse. 1909 waren es 3.794 Mark, 1910 3.509 Mark, 1911 2.229 Mark und 1912 2.225 Mark. Demnach war das Verkehrs-und Auskunftsbüro bis zu seiner Schließung im Sommer 1914 durch Oberbürgermeister Veltman ein Verlustgeschäft.[156] Die Mobilmachung mit ihren hohen Anforderungen an die Eisenbahnlogistik brachte den Tourismus zum Erliegen.

---

[155] Politisches Tageblatt, 4.5.1911
[156] Mendonça 2012, S. 11 und S. 23

5.3 „Was man kleineren Orten gewährt..."- Die Feriensonderzüge

Die Transportmöglichkeiten entscheiden über den Erfolg der Hebung des Fremdenverkehr, weshalb der Verkehrsverein bestrebt war, möglichst viele Direktverbindungen nach Aachen laufen zu lassen. Direktverbindungen waren für den Kunden günstiger und bedeuteten dazu eine Zeitersparnis. Das lästige Umsteigen und das Warten auf Anschlusszüge entfiel. 1905 verbuchte der Verkehrsverein es als Erfolg[157], dass es Sonderzüge der Strecke Aachen-Mönchengladbach-Duisburg, Berlin, resp. Bremen und Hamburg gab. Ebenso fand sich der Name Aachen auf Abfahrts- und Auskunftstafeln in Köln, und nicht mehr Herbesthal. Der Verkehrsverein war 1908 erfolgreich bei der Lobbyarbeit bei der Königlichen Eisenbahndirektion, so dass Sonderferienzüge nach Kassel, Thüringen und dem Harz von Aachen aus starten konnten. Die Staatsbahn hatte bereits Erfahrungen mit den Feriensonderzügen sammeln können:

„Auch den Einsatz von zum Teil mehreren hundert zusätzlichen Vor- und Nachzügen zu Beginn der Sommerferien handhaben die Staatsbahnen bereits vor Ausbruch des Kriegs flexibel und sicher."[158]

Auch 1912 erwähnte der Verkehrs-Verein die Beantragung der Feriensonderzüge. Das Verkehrs-Vereinsmitglied Dr. Fritz forderte im Juli 1914 in der Aachener Post mehr Feriensonderzüge[159] für Reisen nach Köln und Düsseldorf. Das „Echo der Gegenwart" reagiert auf diese Forderung mit dem Abdruck eines Leserbriefs:

„Es muß auffallend erscheinen, daß die maßgeblichen Persönlichkeiten unserer Vaterstadt bei der Eisenbahndirektion das nicht durchsetzen oder nicht durchsetzen können, was Städte wie Neuß, M-Gladbach, Rheydt, Herne, Langendreer erreicht haben."

---

[157] Aachener Post, 17.5.1905
[158] Keitz, Reisen als Leitbild. Die Entstehung des modernen Massentourismus in Deutschland, München 1997, S. 85
[159] Aachener Post, 7. Juli 1914

Dieser Kommentar schmerzte um so mehr, da mit Carl Bohle ein Königlicher Eisenbahndirektor im Vorstand des Verkehrs-Verein vertreten war.[160]

Wenn der Verkehrs-Verein, wie es vor kurzem in hiesigen Blättern zu lesen war, im nächsten Jahre einen besseren Anschluß an die Sonderzüge erstreben will, so wird er wenig erreichen, da man mit den Anschlüssen bisher wohl zufrieden sein konnte. Direkte Wagen, direkte Züge für die Großstadt Aachen und damit volle Fahrpreisermäßigung, das ist das Ziel, daß erstrebt werden muß. Wir dürfen hinter Städten mit geringerer Bevölkerung nicht zurückstehen, was man kleineren Orten gewährt, soll man Aachen nicht vorenthalten!"[161]

Diese Auseinandersetzung um Tarife und vermehrte Sonderzüge blieb den Verkehrsvereinen als Thema auch in der Weimarer Republik erhalten.

---

[160] OB 70-27-II Nr. 146f
[161] Echo der Gegenwart, 15. Juli 1914

5.4 Lärm, Staub und Automobilisten – die Neurasthenie und ihre Plagen

Der Verkehrs-Verein erkannte das Wegbrechen attraktiver, d. h. zahlungskräftiger Kundenkreise aus Adel und Oberschicht und ließ sich deshalb, bewusst oder unbewusst, bei der Suche nach neuen Kundengruppen von den Themen der Zeit leiten, wenn es um Verbesserungen innerhalb Aachens ging. Dabei konzentrierte sich der Verkehrsverein auf Verbesserungen, die besonders Rücksicht auf die zivilisationsmüden und erholungsbedürftigen Gesellschaftsschichten nahmen, die von der Modekrankheit „Neurasthenie" betroffen waren. Gleichzeitig sorgte die „Assanierung"[162] für eine auch für die Anwohner positive Steigerung des Lebensstandards.

Wie Keitz[163] und Spode[164] feststellten, genossen alle Beamten und zwei Drittel der „Privatbeamten", d. h. höhere kaufmännische, später auch technische Angestellte, mittlere Unternehmer, Kaufleute und Freiberufler, vom wohlsituierten Handwerksmeister bis zum Rechtsanwalt, einen Rechtsanspruch auf Urlaub, während dies nur für 10 Prozent der Arbeiter und Arbeiterinnen zutraf. Dieser Urlaub belief sich jährlich auf zwei Wochen, konnte in Spitzenpositionen aber bis zu sechs Wochen dauern. Zudem gab es die eingeübte Gewohnheit der Beamten, den jährlichen Urlaub pro forma aus gesundheitlichen Gründen zu beantragen, was üblicherweise anstandslos gewährt wurde. Diese Faktoren begünstigten die Möglichkeit eines Kur-Urlaubs.

Die Neurasthenie bot den gehobenen Schichten des wilhelminischen Kaiserreichs die willkommene Möglichkeit, ihre Zivilisationsmüdigkeit zu kultivieren (Fin de Siecló) und sich von den Belastungen der Großstadt, der ausschließlich männliche „*Geistesa-*

---

[162] Assanierung: Verbesserung der Bebauung von Liegenschaften aus hygienischen, sozialen, technischen oder verkehrsbedingten Gründen.
[163] Keitz, Reisen als Leitbild. Die Entstehung des modernen Massentourismus in Deutschland, München 1997, S. 33: „*Vor dem Ersten Weltkrieg besaßen in Deutschland nur ca.10 Prozent aller Arbeiterinnen und Arbeiter einen Rechtsanspruch auf Urlaub, während es bei den Angestellten bereits zwei Drittel, bei den Beamten von je her alle Beschäftigten waren.*"
[164] Spode 2003, S. 70 „*Bis zum Ersten Weltkrieg erhielten fast alle Beamten und zwei Drittel der Angestellten eine jährlichen Urlaub von ein bis zwei Wochen, in Spitzenpositionen sogar sechs Wochen. Der Tourismus lebte mithin zum Gutteil von Beamten und „Privatbeamten".*"

ristokraten" ausgesetzt waren, zu erholen.[165] Spode kommentierte dies angesichts einer massiven Ausbeutung und Verarmung der Arbeiterschaft:

„Die Neurasthenie erlaubt den Menschen mit der größten Lebenserwartung und den geringsten gesundheitlichen Belastungen den größten Erholungsbedarf."[166]

Die durch Sigmund Freud 1895 eingeführte Psychoanalyse bereitete den Boden für den massiven Anstieg von Nervenärzten in den Großstädten, die in den bürgerlichen Schichten einen willigen Klientenpool fanden, dessen Erholungsbedürfnis einer ärztlichen Legitimation bedurfte.[167] Damit war eine neue Zielgruppe gefunden, deren Interessen in den Fokus der Tätigkeiten des Verkehrsvereins traten.

Die Lärmbekämpfung stand dabei von Anfang an erster Stelle, da der Straßenlärm als Mitverursacher der „nervösen Leiden" galt.[168] Aufgrund der innerstädtischen Verkehrsverdichtung expandierte der Verkehrslärm weniger in den Arbeiterstadtteilen, als in der sich etablierenden City, ihren Geschäfts- und Vergnügungsvierteln im Zentrum[169], weshalb der Verkehrs-Verein alljährlich die Mitbürger aufrief, das Lärmen zu unterlassen. Dabei befand er sich in der Tradition von Geistesgrößen wie Schopenhauer, der bereits 1854 über den schädlichen Wirkungen des Straßenlärms geschimpft hatte, wobei besonders der Peitschenknall eine tragende Rolle spielte.

„Dieser plötzliche, scharfe, zerschneidende, gedankenmörderische Knall muß von Jedem, der nur irgend etwas, einem Gedanken Aehnliches im Kopfe herumträgt, schmerzlich empfunden werden: jeder solcher Knall muß daher Hunderte in ihrer geistigen Thätigkeit, so niedriger Gattung sie auch immer seyn mag, stören: dem

---

[165] *„Reizbare Nerven sind ferner bei der Arbeiterschaft seltene Erscheinungen."* H. Chr. Nußbaum, Geräuschschutz für das Wohnhaus, In: Haustechnische Rundschau 17(1912/13), S. 267
[166] Spode 2003, S. 71
[167] Bayerl, Norman Fuchsloch, Torsten Meyer Umweltgeschichte-- Methoden, Themen, Potentiale: Tagung des Hamburger Arbeitskreises für Umweltgeschichte, Hamburg 1994, Band 1 von Cottbuser Studien zur Geschichte von Technik, Arbeit und Umwelt, S.203 (im Folgenden abgekürzt als Bayerl 1994)
[168] Volker Bernius Der Aufstand des Ohrs - die neue Lust am Hören, 2006
[169] Bayerl 1994, S. 190

Denker aber fährt er durch seine Meditationen so schmerzlich und verderblich, wie das Richtschwerdt zwischen Kopf und Rumpf."[170]

Er erkannte die besondere Anfälligkeit der Geistesarbeiter für Lärm und unterstellte eine feindliche Haltung der Arbeiterschaft gegenüber den geistig arbeitenden Menschen.

„Die Sache stellt demnach sich eben dar als ein frecher Hohn des mit den Armen arbeitenden Theiles der Gesellschaft gegen den mit dem Kopfe arbeitenden. Daß eine solche Infamie in Städten geduldet wird ist eine grobe Barbarei und eine Ungerechtigkeit; um so mehr, als es gar leicht zu beseitigen wäre, durch polizeiliche Verordnung eines Knotens am Ende jeder Peitschenschnur. Es kann nicht schaden, daß man die Proletarier auf die Kopfarbeit der über ihnen stehenden Klassen aufmerksam mache: denn sie haben vor aller Kopfarbeit eine unbändige Angst. Daß nun aber ein Kerl, der mit ledigen Postpferden, oder auf einem Karrengaul, die engen Gassen einer Stadt durchreitend, mit einer klafterlangen Peitsche aus Leibeskräften unaufhörlich klatscht, nicht verdiene, sogleich abzusitzen, um fünf aufrichtig gemeinte Stockprügel zu empfangen, Das werden mir alle Philanthropen der Welt, nebst den legislativen, sämmtliche Leibesstrafen, aus guten Gründen, abschaffenden Versammlungen, nicht einreden. Soll denn, bei der so allgemeinen Zärtlichkeit für den Leib und alle seine Befriedigungen, der denkende Geist das Einzige seyn, was nie die geringste Berücksichtigung, noch Schutz, geschweige Respekt erfährt?"[171]

Diese Haltung fand einen willigen Mitstreiter in dem Philosophen Prof. Dr. Theodor Lessing (8. Februar 1872 – 31. August 1933)[172], der bereits 1901 und 1902 zwei Auf-

---

[170] Artur Schopenhauer, Parerga und Paralipomena, 2. Buch, Kapitel 30, Seite 517-519, Ueber Lerm und Geräusch, 1. Auflage, Berlin 1851
[171] Ebenda.
[172] Michael Kloepfer, et.al., Leben mit Lärm?- Risikobeurteilung und Regulation des Umgebungslärms im Verkehrsbereich,Berlin Heidelberg New York 2006, (=Wissenschaftsethik und Technikfolgenbeurteilung, Bd. 28, hrsg. v. M. Kloepfer) Mobilität für Alle: Geschichte des öffentlichen Personennahverkehrs in der Stadt zwischen technischen Fortschritt und sozialer Pflicht: Beiträge

sätze in der Zeitschrift *Nord und Süd* veröffentlichte, die das Problem des Lärms ansprach. Im März 1908 erschien seine Denkschrift „*Der Lärm*.- Eine Kampfschrift gegen die Geräusche unseres Lebens". Aufgrund der hohen Resonanz aus groß- und bildungsbürgerlichen Kreisen gründete Lessing den Deutschen Antilärm-Verein am 1.November 1908, dessen wichtigstes Medium die von Lessing herausgegebene und von ihm allein redigierte Zeitung *Der Anti-Rüpel*[173] war, der fachliche Beiträge und Polemiken zur Lärmbekämpfung enthielt.

„Eine nie endende Kette von Qual und Pein zieht sich durch das Leben aller mit dem Gehirne arbeitenden Menschen." [174]

Die Bias gegen die arbeitenden Klassen zeigte sich besonders in der Definition der Lärmverursacher:

„Die gesamte Regelung des Verkehrs der Privatfuhrwerke, Droschken, Hansoms, Gepäckwagen, Lastwagen, Omnibusse und Autobusse untersteht den Ortspolizeibehörden, die zwar allerlei Vorschriften und Verfügungen erlassen, in der Regel aber keine Machtmittel haben, um zahllosen Übergriffen der auf den Strassen lebenden Arbeiterklassen (wie Fuhrleute, Kutscher, Pflasterer, Trottoir-, Kanalarbeiter usw.) wirksam zu begegnen."[175]

Der Verkehrs-Verein vermeldete 1909 den Beitritt zum Antilärm-Verein[176], um die Umgebung für die Kurgäste leiser zu gestalten. Der Anti-Lärm-Verein erstellte „blaue Listen", die besonders ruhige Hotels und Pensionen enthielten, „schwarze Listen", die „Lärmsünder" enthielten, die den Aufenthalt durch ihre Geräuschkulisse unerträg-

---

der Tagung "Öffentlicher Nahverkehr" in München, Dezember 1994, Hans-Ludger Dienel, Barbara Schmucki, München 1997

[173] Untertitel: „Monatsblätter zum Kampf gegen Lärm, Roheit und Unkultur im deutschen Wirtschafts-, Handels- und Verkehrsleben"

[174] Dietmar Klenke: Das automobile Zeitalter. Die umwelthistorische Problematik des Individualverkehrs im deutsch-amerikanischen Vergleich, In: Günter Bayerl (Hg.): Umweltgeschichte - Methoden, Themen, Potentiale, Münster 1996, S. 267-281.

[175] Theodor Lessing, Der Lärm 1908, viertes Kapitel

[176] Aachener Post, 5.5.1909

lich machten, um so Ruhe bedürftige Reisende zu schonen und nicht zuletzt „Pflaster-Listen", die auf Straßen hinwiesen, die noch mit Granit und Steinpflaster ausgerüstet waren. Letztere sollten die Stadtbehörden zur schnelleren Asphaltierung anhalten, die eine „*nervenhygienische Notwendigkeit*" darstelle.[177] Sein Ideal hatte Lessing bereits in seinem Werk formuliert:

> *„Wir sehen an dem ungemein grossen beständig noch anschwellendem Bicykleverkehr (der nur durch die unaufhörlichen Warnungssignale geräuschvoll ist), dass Gummireifen im Verein mit geräuschlosem Pflaster keinen Verkehrslärm aufkommen lassen."*[178]

Laut Bayerl erfüllte sich für den Verein die Hoffnung auf Zusammenarbeit mit Hausbesitzer- und Fremdenverkehrsvereinen nicht[179], was für Aachen allerdings nicht zutrifft.

Der Verkehrs-Verein forderte 1909 die Ausstattung der Mietdroschken mit Gummireifen, um dem Geräusch von schleifenden Eisenreifen auf Katzenkopfpflaster zu entgehen. Die Fuhrwerksbesitzer beklagten sich über die Bestrebungen zur Asphaltierung, da den Pferden auf der glatten Oberfläche die Hufe weggleiten würden und der neue Belag generell nicht für Steigungen geeignet sei. 1910/1911 verfügte Aachen nur über 6.300 qm Asphaltstraße. Wie Dr. Mendelssohn feststellte, gab es von Regierungsseite ebenfalls Vorbehalte, insbesondere beim Ausbau des von Touristen gewünschten Ausbaus des Wegs vom Preußweg nach Dreigrenzstein, um den „höchsten Punkt der Niederlande" von deutscher Seite aus zu erreichen:

> *„Die Regierung will den Schmugglern vom Auslande keinen bequeme Schmugglerstraße bauen. Dort liegt jetzt ein Beamter im Graben und paßt auf die Schmuggler*

---

[177] Bayerl 1994, S. 203
[178] Theodor Lessing, Der Lärm, 1908
[179] Bayerl 1994, S. 215

auf, wenn die Straße ausgebaut ist, genügt ein Beamter nicht mehr. Gerade in diesem Weg treffen sich in einem Graben die Schmugglerpfade."[180]

Die Regierung stellte sich auf den Standpunkt, es handele sich nicht um eine öffentliche Straße und verbot daher den Ausbau mit Steuermitteln, egal ob gepflastert oder asphaltiert. Auch 1910 berichtete der Verkehrs-Verein über die Anti-Lärm-Bewegung und ihre Fortschritte.[181] Der Rücktritt Lessings aus dem Antilärm-Verein im April 1911 und das Eingehen des Vereins aufgrund schleppender Bezahlung der Mitgliederbeiträge tat der Begeisterung keinen Abbruch. So forderte Dr. Rothschuh noch im „Echo der Gegenwart" vom 24. Januar 1912:

Bitten an meine Aachener Mitbürger:

„Rechtsgehen! Unterlaßt das Lärmen, das unleidige sinnlose Peitschenknallen, werft keine Obstreste, Apfelsinenschalen weg, wenigstens nicht auf die Bürgersteige!"[182]

Dieser Appell verweist auf andere Zielvorstellungen.[183] Das Rechtsgehen, *„das leider hier in Aachen noch immer nicht in dem Umfange geübt wird, wie es wünschenswert wäre"*[184], wies auf den gewandelten Charakter Aachens als Großstadt hin mit der Notwendigkeit, die Nutzung der Straße zu regeln.[185] In den ländlichen Regionen herrschte noch die Gleichwertigkeit aller Verkehrsteilnehmer. Die flanierenden Kurgäste trafen auf dem Bürgersteig Mitglieder aller Klassen, die zielstrebig ihren Weg machten,

---

[180] Dr. Mendelssohn, Stadtverordnetenversammlung
[181] Aachener Post, 11.5.1910
[182] EdG vom 24. Januar 1912, ebenso Politisches Tageblatt, 4.5.1911
[183] Der Verschönerungsverein schloß sich bei seiner 37. Generalversammlung 1914 den Zielen des Verkehrs-Vereins an. Er trat dem „Verein für Ruhe" aus Hannover bei, stiftete 36 Mark zur Behebung der „Mülleimer-Kalamität" und diskutierte über den Straßenlärm in den Kurstraßen. EdG 10. Juli 1914, Politisches Tageblatt 11. Juli 1914
[184] Forderung zum Rechtsgehen: Aachener Post 17.05.1905/ 3.5.1907 /11.5.1910
Peter D. Norton, Fighting Traffic: The Dawn of the Motor Age in the American City, MIT press 2008, S. 72
[185] Politisches Tageblatt, 4.5.1911

so daß eine Reglementierung des öffentlichen Raumes erforderlich wurde, die zugleich eine opportune Disziplinierung der unteren Schichten ermöglichte. Mit dem Problem der Straßennutzung verbunden war das Aufkommen der Automobile, weshalb der Verkehrs-Verein es bereits 1905 thematisierte.[186] Die Klagen von den Kurgästen wie der Bevölkerung über die Stauberregung auf öffentlichen Straßen verlangten nach Maßnahmen, *so dass der Verein überlegte, als Lösung eine „Straße mit Westrumit (zu) besprengen".*[187] Die Kritik an den Automobilen ging bereits aus der Überschrift „*Die Wilde Jagd*" hervor und erhob die Forderung nach einer Geschwindigkeitsbeschränkung,

„damit nicht die Kurfremden von den rasenden Automobilen auf Schritt und Tritt geängstigt werden. Die Beschränkung liegt im Interesse der Automobilisten selbst, da sonst der Haß gegen die Automobilisten im Volke größer wird."[188]

Die Beschränkung sollte auf 15 km/h festgelegt werden. Typisch war 1910 innerorts ein Limit von 15km/h für Pkw und 12km/h für Lkw[189] Über die Erfolgschancen machten sich die Mitglieder allerdings keine Illusionen, denn: *„der Reiz des Automobil liegt im schnellen Fahren"*[190], zumal zu diesem Zeitpunkt hauptsächlich die Oberschicht Erfahrungen mit Automobilen hatte sammeln können, die dem Reisenden der Oberschicht seine Autonomie zurückgaben, die vorher durch die Einführung der Eisenbahn egalisiert worden war. Die Überwindung des Raumes durch die Erhöhung der Geschwindigkeit ließ die Welt als Ganzes schrumpfen[191], und war ein Zeichen der erlebten Beschleunigung. Dr. Fritz stellte fest:

---

[186] Aachener Post, 17.5.1905
[187] Brockhaus' Kleines Konversations-Lexikon, fünfte Auflage, Band 2. Leipzig 1911, S. 976: Es handelt sich um eine ammoniakhaltige Öl-Asphalt-Emulsion, die verwendet wird zur Befestigung der Straßendecke.
[188] Aachener Post, 17.5.1905
[189] Kurt Möser, Geschichte des Automobils. Frankfurt/Main 2002, S. 91
[190] Ebenda.
[191] Kaschuba, Wolfgang: Überwindung der Distanz. Zeit und Raum in der europäischen Moderne, Frankfurt/M 2004

„Gegen die Entwicklung der Zeit können wir nicht ankämpfen, die Automobile sind nun einmal nicht erfunden worden, um langsam damit zu fahren."[192]

Der „Haß auf die Automobilisten" war im Kern ein Streit darum, wer die Hoheit über die Straße besaß. Wie Peter D. Norton nachwies[193], waren die Fußgänger gleichberechtigte Teilnehmer im Straßenverkehr, was die Unübersichtlichkeit des städtischen Verkehrs mitbegründete. Die Einführung des Automobils änderte diesen Grundkonsens und schuf mit der steigenden Verbreitung der Automobile die Forderung nach einer Trennung der Nutzungsbereiche in Auto-Strasse und Bürger-Steig.[194] Der „Haß der Bevölkerung" richtete sich vor allem wegen der vielen Unfälle mit Personenschaden gegen die Automobilisten, die erst Erfahrungen mit den schwer lenkbaren Transportmitteln machen mussten. Die Angst vor den Automobilen und ihrer Geschwindigkeit war also nicht unbegründet[195], auch wenn die involvierten Geschwindigkeiten aus heutiger Sicht eher lächerlich wirken. Die selbstsichere Orientierung in der Großstadt, gekoppelt mit dem kühnen Überqueren der Straße wie auch das „Rechtsgehen" kennzeichneten den Stadtbewohner auf heimischen Terrain und entlarvten den bäuerlichen Neuankömmling.[196] Der „nervöse" Kurgast war besonders gefährdet, sei es durch die schrillen Hupen, die Todesgefahr verhießen und unnötige Aufregung verursachten, als auch durch die Gefährdung seiner Trittsicherheit, die besonders die an Rheuma, Gicht und Ischias erkrankten Kurgäste betraf, welche oft auf Krückstock oder andere Gehhilfen angewiesen waren. Beim Queren der Straße konnten sie aufgrund ihrer mangelnden Beweglichkeit leicht zum Opfer werden. Letztlich war die Nachtruhe der Kurgäste ein Punkt, gegen deren Störung sich der Verein wiederholt

---

[192] Aachener Post, 17.5.1905
[193] Peter D. Norton, Fighting Traffic: The Dawn of the Motor Age in the American City, MIT press 2008, S. 72
[194] Frank Uekötter (Uekötter 2003, in „Geschichte in Wissenschaft und Unterricht", Bd. 54/2003
[195] http://www.zeit.de/auto/2013-06/auto-verkehr-unfalltote-historisch (2-12-2013)
[196] Peter D. Norton, Street Rivals- Jaywalking and the Invention of the Motor Age Street. Technology and Culture 48.2 (2007), S. 331-359.

aussprach[197], so z. B. 1908[198], wobei er doch schichtspezifische Unterschiede feststellte, da er explizit bemerkte, dass die *„Störungen, die übrigens nicht von Studenten ausgingen"* polizeiliche Intervention erforderten. Die Toleranz gegenüber dem „Studentenulk", begangen durch die künftige Elite des Landes, fand ein absolutes Ende gegenüber den sogenannten „Jungen Leute", die als marginalisierte Gruppe[199] vor allem durch lautes nächtliches Singen, insbesondere an Karneval, die Auseinandersetzung suchten. Verhey formuliert vorsichtig:

> *„Diese Art von Kühnheit war möglicherweise eine subtile Unterwanderung der traditionellen monarchistischen, bürokratischen politischen Kultur, der gesellschaftlichen Ordnung und ihrer Regeln."*[200]

Burtscheid war genauso von „alkoholisierte(m) Jungpublikum"[201] betroffen. Diese allgemeinen Forderungen dienten neben der Erhöhung der Attraktivität der Stadt als Kurort auch der Hebung des generellen Lebensstandards, weshalb selbst die Probleme des Hundereichtums und seiner Nachteile Thema der vereinsinternen Diskussionen wurden, die allerdings nach Maßgabe des Vereins durch polizeiliche Kontrollen gelöst werden sollten.

---

[197] Aachener Post, 17.05.1905
[198] Aachener Post, 29.04.1908
[199] Das „Jungmännerproblem" resultierte u. a. aus den rasanten Bevölkerungsanstieg in der Wilhelminischen Kaiserzeit mit einer Verlängerung der Durchschnittlebensdauer auf 57 Jahre, wobei erst Männer ab 25 Jahren als volljährig und damit als wahlberechtigt galten. Zusammen mit dem Preußischen Dreiklassenwahlrecht, welches die Stimmen nach Einkommen gewichtete und damit den unteren Schichten keine angemessene Vertretung in den demokratischen Gremien erlaubte, ergab sich ein erhebliches Konfliktpotential, das sich auch im Recht auf die Straße ausdrückte. Vgl. Bernd Jürgen Warneken, „Die friedliche Gewalt des Volkswillen".- Muster und Deutungsmuster von Demonstrationen im deutschen Kaiserreich, In: Bernd Jürgen Warneken, Massenmedium Straße.- Zur Kulturgeschichte der Demonstration, Frankfurt/M 1991; Soja Levsen, Elite, Männlichkeit und Krieg, Tübinger und Cambridge Studenten, 1900-1929, Göttingen 2006
[200] Jeffrey Verhey, Der „Geist von 1914" und die Erfindung der Volksgemeinschaft, Hamburg 2000, S. 50
[201] Mendonça 2012, S. 46

5.5 Das Ende der „Überforderung" - die Einführung der Taxameter-Droschken

Die verkehrstechnische Infrastruktur eines Badekurortes mit den Bedürfnissen einer Großstadt zu vereinen, stellt ein gesellschaftliches Problem ersten Ranges dar, da sich auf der Straße alle Schichten begegneten und verschiedene Verkehrsmittel um die Gunst der Kunden und den verfügbaren Platz im öffentlichen Raum konkurrierten. Neben den Pferdefuhrwerken und Omnibusse existierte „die Elektrische" der Aachener Kleinbahngesellschaft, die ersten Automobile neben verschiedenen Hand- und Hundekarren, Fahrradfahrern und Fußgängern, wobei in Aachen die Mietdroschken und die Bagage-Wagen für den Gepäcktransport zwischen Bahnhof und Hotel den Verkehr zusätzlich verdichteten. Das Bedürfnis um die Optimierung der Verkehrsmittel war ein besonderes Anliegen von Dr. Frentzen:

„Das Droschkenwesen in seiner äußeren Erscheinung, die stattlichen Equipagen, könne sich wohl sehen lassen, so könnte man die Aachener Droschken durchweg bezeichnen, mache einen sehr vorteilhaften Eindruck. Weniger angenehm sei der Droschkentarif, zunächst wäre es die Tarife für Rundfahrten, die zu sehr auf den Fremdenverkehr zugeschnitten sind, sodann liege die dringende Notwendigkeit vor, die Grenzen der Außenbezirke anders zu legen, auch der auf 10 Uhr abends festgelegte Beginn der Nachtzeit und der damit verbundenen Eintritt der Doppeltaxe sei den Verhältnissen nicht recht angepasst."[202]

Die oben genannten Preise galten in der die Aachener Innenstadt innerhalb des Grabenrings umfassenden „Droschkenzone".

Die Einführung neuer Verkehrsmittel orientierte sich üblicherweise an einer kleinen gesellschaftlichen Gruppe, die die Verkehrswege nach ihren Vorstellungen gestaltete. Die aufgezählten Nachteile betrafen nur die stadtbürgerliche Oberschicht und die ebenfalls eher wohlhabenden Kurgäste, die sich die Droschken als Transportmittel

---

[202] Aachener Post 23.4.1902

leisten konnten und waren primär eine Klage über das als ungünstig empfundene Preis-Leistungsverhältnis.

Dem großbürgerlichen Habitus entsprechend nutzte der Stadtbürger die Rundfahrt gelegentlich zur werktäglichen Bewegung durch die Stadt wie zur sonntäglichen Entspannung. Die an den Kurgästen orientierte Preisgestaltung benachteiligte den alltäglichen Nutzer. Die Grenzen der Außenbezirke waren deshalb ungünstig geschnitten, weil für die mittägliche Heimfahrt in die besseren Stadtbezirke ein höherer Tarif zu entrichten war. Die durch die Polizeistunde festgelegte Nachtzeit war für den bürgerlichen Lebensstil ebenfalls ungünstig, da kulturelle Abendveranstaltungen aller Art, von freundschaftlichen Besuchen bis zu Theateraufführungen mit höheren Kosten verbunden waren, obwohl der zurückgelegte Weg derselbe war. Alle Kritikpunkte waren freilich genaue jene, die es dem Droschkenbesitzer erlaubten, seine Dienstleistung gewinnbringend zu betreiben. Der Widerstand der Droschkenbesitzer war deshalb groß, als 1903 der Verkehrs-Verein die Einführung von Taxameter-Droschken anstrebte.[203] (Abb. 15)Auch der Verschönerungsverein hatte 1902 die Taxameter-Droschken befürwortet durch das langjährige Mitglied Steenaerts[204]:

„als eine gerechte Lösung dieser Fragen halte er, Redner, es für die beteiligten Teil am Vorteilhaftesten, Taxameterdroschken einzurichten, diese seien das naturgemäße Regulativ für alle Fahrten, wie in anderen Städten, so würden sich auch in Aachen bald die Taxameterdroschken bald Bahn brechen und der Droschkenverkehr ein stärkerer werden, so daß auch die Kutscher keinen Schaden zu erleiden brauchten"[205]

Der Vorsitzende des seit 1891 bestehenden Droschkenbesitzer-Vereins Thoma lehnt dieses Ansinnen während der Hauptversammlung des Verkehrs-Vereins vehement ab und begründete dies u.a. mit den ungünstigen Terrainverhältnissen, da wegen der vie-

---

[203] Aachener Post, 13.05.1903
[204] Aachener Post, 16.12.1902
[205] Ebenda.

len Steigungen im Aachener Stadtgebiet oft mehr Pferde vorgespannt werden mussten[206], der Unterhalt naturgemäß teurer sei als bei Droschken in anderen Städten. 1905 versuchte Herr Thoma, den Verkehrs-Verein zu instrumentalisieren, um die Interessen seiner Vereinsmitglieder zu fördern. So beklagte er sich über die Konkurrenz der Privatgepäckgesellschaft, die den Droschen an ihren Stammplätzen am Bahnhofsvorplatz Kunden abnahm. Zudem regte er den Bau einer Markise am Bahnhof an, damit die Gäste trockenen Fußes zu den Droschken kommen könnten. Zudem würde die Markise verhindern, dass Pferde in „glühender Sonnenhitze" stehen müssten. Der Verkehrs-Verein lehnte eine Intervention mit Verweis auf die Gewerbefreiheit ab und empfahl, sich bezüglich der Pferde an den Aachener Tierschutzverein zu wenden. Haselmann berichtet über die Einführung von Taxametern:

„Nachdem schon im Jahre 1891 von einer Hamburger Firma der Aachener Polizeidirektion Taxameter angeboten worden waren und später auch von anderer Seite, z.B. von der Zeitschrift „Der Fuhrhalter", sowie vom Aachener Verkehrs-Verein, für deren Einführung Propaganda gemacht worden war, wurde 1905 die Lieferung der 15 ersten Taxameterapparate, gegen einen von den Droschkenbesitzern zu zahlenden Mietpreis von 20 Pfg. täglich oder 6 M. monatlich, der Maschinenfabrik Adam Schneider in Berlin übertragen."[207]

Der Zeitzeuge Haselmann sieht das Eintreten des Verkehrs-Vereins eher in der beständigen „Überforderung" d. h. der Übervorteilung der Kurgäste durch die eigenmächtige Preispolitik der Droschkenbesitzer:

„Übrigens sind die Droschkenbesitzer keineswegs gut auf die neue Erfindung zu sprechen, der sie einen richtig durchgearbeiteten Tarif vorziehen. Auch soll es vor-

---
[206] Es bedurfte zweispänniger Fiaker anstelle von einspännigem Fiaker.
[207] Alfred Haselmann, Die Aachener Kleinbahnen, Jena 1909, S. 16. (abgekürzt als Haselmann 1909) Die „stattlichen Equipagen" wurden jährlich polizeilich bei der Frühjahrsinspektion kontrolliert, um die Funktionsfähigkeit zu gewährleisten. „Polizeiverordnung für das öffentliche Personenfuhrwesen in Aachen" vom September 1907

kommen, daß die Kutscher den Apparat ausschalten, wenn sie sich außerhalb der Stadt unbeobachtet wissen."[208]

Von Seiten des Verkehrs-Vereins erhobt sich deshalb die Forderung, die Droschkennummer „an auffälliger Stelle, aber doch geschmackvoll"[209] am Fahrzeug anzubringen, damit der Fahrgast sich die Nummer einfacher merken konnte, um „Komplikationen" einfacher beheben zu können. Die Lenker der Droschken trugen schwarze, hohe Zylinderhüte, welche im Sommer durch Strohhüte ersetzt wurden. Auf diesen Hüten war dann auch die Wagennummer angebracht. 1908 waren 24 Taxameterdroschken vorhanden, 1909 waren es 19 bei einer Gesamtzahl von 66 Droschken insgesamt.[210] Dazu gab es zwei Automobil-Taxameter.[211]

Mit der zunehmenden Motorisierung verschwanden die Pferdedroschken aus Aachens Stadtbild, da sie sich im Wettbewerb nicht behaupten konnten. Pferdedroschken verfügten nur über eine eingeschränkte Einsatzzeit und bei max. 8 km/h über einen beschränkten Aktionsradius von 40 – 45 km pro Tag, wozu in Aachen erschwerend die vielen Steigungen dazukamen. Das Gefahrenpotential der moderneren Transportmittel verzögerte ihre gesamtgesellschaftlichen Akzeptanz, wie an anderer Stelle zu sehen sein wird. Die 7.451 im Reichsgebiet zugelassenen Taxen des Jahres 1913 verursachten nach einer Statistik innerhalb dieses Jahres 4.949 Unfälle.[212]

---

[208] Ebenda, S.17. Ein anderer Mißstand aus Kundensicht war die Einforderung von Trinkgeldern für bereits abgegoltene, im Tarif enthaltene Leistung wie z.B. das Abladen von Koffern, etc.
[209] Aachener Post, 29.4.1908
[210] Haselmann 1909, S. 17
[211] Haselmann 1909, S. 17.vgl. Firmenwebseite Am Anfang des Kraftdroschkenwesens gründete sich die Aachener Taxameter Gesellschaft m. b. H.. Sie brachte vier Fahrzeuge heraus, denen bald weitere eines Unternehmers folgten. Die beiden Unternehmer bestimmten mit ihren 17 Fahrzeugen bis 1912 das Kraftdroschkenwesen in Aachen. In diesem Jahr kamen dann die ersten Einzelbesitzer auf den Markt, so dass sich die Anzahl der Fahrzeuge bis zum Ausbruch des 1. Weltkriegs auf 25 erhöhte. (http://www.taxiruf-aav.de/Teil2.html (2.12.2013); Josef Ihle: Von der Pferde-Droschke zur Auto-Taxi. 100 Jahre Geschichte des Droschken-Gewerbes, München 1958.
[212] http://www.weststadt-online.de/?page_id=19497C(3-12-2013)

5.6 „An erster Stelle mit prächtigem Plan" - Medienarbeit des Verkehrs-Vereins

Die Gewinnung von Kurgästen durch äußere Werbung war dem Verkehrs-Verein ein dringendes Anliegen, denn ein gestiegener Bekanntheitsgrad konnte sich durchaus in steigenden Gästezahlen bemerkbar machen. Die schwache finanzielle Ausstattung des Verkehrs-Vereins in der Anfangsphase erforderte deshalb auch das private Engagement der Mitglieder, so z. B. durch den Direktor der Gaserleuchtungsanstalt Drory, der auf eigene Kosten 600 Reiseführer nach England an Reisevermittlern geschickt hatte.[213] 1905 hatte der Verkehrs-Verein bereits 10.000 Prospekte verteilt, davon 2000 an Ärzte nach Belgien Holland, England und Amerika, besonders durch Herrn Drory und den amerikanischen Konsul Dr. Frank M. Brundage, die sich um die englischsprachigen Versionen kümmerten.

„Noch eine Menge kleiner Werbemittel wurden durchgesprochen und Anregungen gegeben, wie man den Verkehrsinteressen der Stadt Aachen nützlich sein könne. Beschlossen wurde, am Hauptbahnhof am Durchgang zu den Perrons ein Schild anzubringen, das den ankommenden Reisenden deutlich in drei Sprachen anzeigen, wo sich am Bahnhof die Verkaufsstelle für Pläne, Prospekte usw. der Stadt Aachen befindet.- Für die Beteiligung an der Reklame in Eisenbahnwagen konnte man sich wegen der großen Kosten nicht entschließen."[214]

Keitz stellt verallgemeinernd fest:

„Bis zum Ausbruch des ersten Weltkriegs wurde im Fremdenverkehr nur mit Annoncen, Prospekten, Plakaten und Postkarten geworben. Die alltägliche Werbung- damit ist nicht das künstlerische Plakatschaffen der Jahrhundertwende gemeint- war im großen und ganzen selbstbezogen und kümmerte sich in der Regel wenig um tatsächliche Wirkung oder Angemessenheit in der Sache."[215]

---

[213] Aachener Post, 5.05.1909 Einnahmen 4698,03 Mark, Ausgaben 2346,76 Mark, Kassenstand 2351,27 Mark
[214] EdG, 24.01.1912
[215] Christine Keitz, Reisen als Leitbild. Die Entstehung des modernen Massentourismus in Deutschland, München 1997, S. 95

Die Verbreitung von Reiseführern als praktische Hilfe wie als Werbung für die Stadt Aachen war ein Gebiet, das schnell in den Fokus des Verkehrs-Vereins geriet. So berichtete der Vorstand 1912:

> *„Im Juni 1911 erschien der neue Aachen-Führer, worin wir hauptsächlich auf das geschickte Führen durch Aachen Wert legten. Wer ihn durchgelesen hat, wird nicht leugnen können, daß der Zweck erfüllt ist und die Führung so eingerichtet ist, daß der Tourist selbst volle drei Tage hier unterhaltenden Verbleib finden kann. Der Führer ist in den Aachener Farben (schwarz-gelb) gefällig geheftet und bei der Aachener Verlags- und Druckerei-Gesellschaft erschienen.“*[216]

Der Vertrieb des „Aachen-Führers"[217] wurde mit Kriegsbeginn durch das Generalkommando in Koblenz verboten wegen des enthaltenen Kartenmaterials und der Grenzlage zu den Feindstaaten. Nach dem Krieg strebte der Verkehrs-Verein eine Neufassung des Reiseführers an und bewilligte Geld für den Verfasser und neue Fotografien von Aachen und seiner Umgebung.[218] Die Autorschaft sollte Dr. Alfons Fritz (1861-1933)[219] haben, der bereits den letzten Reiseführer verfasst hatte. Die Besatzung durch die Belgier setzte diesem Plan ein Ende. Der internationale Charakter dieser Art Werbung zeigte sich auch in dem Bestreben, Aachen in einen holländisch-indischen Führer aufzunehmen mit der Feststellung:

---

[216] EdG, 25.01.1912, Nr. 21

[217] „Die alte Kaiserstadt Aachen- Überreicht durch den Aachener Verkehrs-Verein"1914 ; STAac C1978; auf Seite 39 ist die Innenansicht des Verkehrsbureaus zu sehen, eingebettet in einen Artikel des Geschäftsführers Verkehrsdirektor J. Zoppa, der auch Mitglied des Verkehrs-Vereins war. Erfolgreiche Mittelakquise war die Voraussetzung für das Gelingen des Druckprojekts:*„Der Verkehrs-Verein hält es für seine Pflicht, diesen Firmen hier noch besonders zu danken und schließt in diesem Dank alle diejenigen ein, welche in uneigennütziger Weise zum Gelingen des Werkes beigetragen, zum Wohle der altberühmten Kaiser -und Badestadt."* Dazu gehörten: Kaiserbrunnen, der Gemeinnützige Industrie-Siedlungs-Verband e.V., das Weltreisebureau Krebser, die Deutsche Bank Aachen, das Luisenbad, das Goldmühlenbad, das Karlsbad, das Comphausbad und das Schwertbad, das Rosenbad, die Fahrzeughersteller Fafnir und Benz sowie diverse Hotels und Cafés, die den Reiseführer als Werbeträger benutzten.

[218] Politisches Tageblatt, 16.05.1918

[219] Der Nachlaß Alfons Fritz findet sich unverzeichnet im Stadtarchiv Aachen und konnte deshalb nicht ausgewertet werden. Der Aachener Gymnasiallehrer war als Geschichtsschreiber der Stadt bekannt und verfasste zahlreiche Artikel für die Zeitschrift des Aachener Geschichtsvereins.

„das dortige Klima (Sundainseln) zwingt alljährlich viele nach Europa, Heilung zu suchen."[220]

Damit zielte man auf die europäische Oberschicht der Kolonien, die aufgrund ihrer privilegierten Stellung als kaufkräftige Kundengruppe in Frage kam. Ein dauerhafter Aufenthalt in den Tropen galt nicht nur wegen der Tropenkrankheiten, sondern auch wegen der klimatischen Extreme als gesundheitsgefährdend. Als Konsumenten orientierten sich die in den Kolonien lebenden Menschen am heimischen Vorbild.

In Zusammenarbeit mit dem Bund Deutscher Verkehrs-Vereine gelang dem Verkehrs-Verein ein besonderer Coup. Der Aachener Verkehrs-Verein bewilligte die hohe Summe von 1.000 Mark für eine spezielle Aachen-Nummer der verbandseigenen Zeitschrift „Deutschland. Zeitschrift für Heimatkunde und Heimatliebe"[221], wobei der Verkehrs-Verein auch Bildmaterial zur Verfügung stellte.

„Die Zeitschrift „Rheinland" in Köln brachte in mehreren Nummern Artikel über die Krönungs-und Kaiserstadt Aachen. Wir gaben unsere Klischees für die Beschreibung."[222]

Im März 1913 erschien die Sondernummer, die von dem Stadtverordneten Menghius als *„hervorragende Propagandaschrift"* bezeichnet wurde.[223] Ebenso bewilligte der Verein 500 Mark, damit Aachen im „Pharus-Atlas Deutscher Städte"[224] der Deutschen Verlagsgesellschaft Hamburg aufgenommen wurde *„an erster Stelle mit prächtigem Plan und interessierender Aufklärung"*, was das Urteil des Vorstands begründete.

---

[220] EdG, 25.01.1912, Nr. 21
[221] Bund Deutscher Verkehrs-Vereine (Hrsg.), Deutschland. Zeitschrift für Heimatkunde und Heimatliebe Nr. 15, März 1912. Sonder-Nummer Aachen, herausgegeben unter Mitwirkung der Städtischen Kurdirektion und des Aachener Verkehrs-Vereins. Mit 2 Tafeln und vielen Abbildungen. Verlag: Düsseldorfer Verlag-Anstalt 1912
[222] EdG, 22.01.1913
[223] Diese Werbung wurde 1918 fortgesetzt, dann allerdings mit dem Schwerpunkt auf dem „Rheumabad" Aachen. Politisches Tageblatt, 16.05.1918
[224] Der Stadtplan Aachen 1912 ist im Internet als historische Reproduktion einsehbar unter www.-pharus-plan.de.

„Die Ausstattung dieses dritten Bandes ist eine schöne und wirkungsvolle."[225]

Aachen erschien 1907 in der Deutschen Bäderzeitung und im Jahrbuch der Radfahrer-Union mit Bildern. Für die Darstellung in der Rheinland-Nummer der *Leipziger Illustrirten Zeitung* gab die Stadt 400 Mark, der Verein 100 Mark zur Förderung des Fremdenverkehrs. Das Image der Stadt zu verbessern, erforderte eine Kooperation mit der Presse.

„In letzter Zeit mehren sich in der hiesigen Tagespresse die aus den Kreisen der Bürgerschaft kommenden Einsendungen, welche sich mit allerlei angeblichen Missständen auf den verschiedensten Gebieten des öffentlichen Lebens befassen. Wenn auch die auf diese Weise zum Ausdruck gebrachten Ansichten manchmal berechtigt erscheinen, so darf doch nicht verkannt werden, daß durch eine leider allzu häufige unrichtige Verallgemeinerung das Ansehen Aachens nach außen keineswegs gefördert wird. Es gehört zu den vornehmsten Aufgaben des Vereins, dort Abhülfe zu schaffen, wo ein verständiges Urteil eine Vernachlässigung Aachener Interessen annehmen muß. Auch hier werden unsere Mitbürger dringend gebeten, von einer schädlichen Veröffentlichung möglichst Abstand zu nehmen und alle Klagen dem Verkehrsverein zu unterbreiten. Der Verein wird seinen ganzen Einfluß aufbieten, um etwaigen Mißständen abzuhelfen."[226]

Der Verein hatte bereits 1905 auf negative Berichterstattung reagieren müssen.[227] Dr. Fritz berichtete bei der Hauptversammlung über *„entstellte tendenziöse und auch direkt unrichtige Meldungen über Vorkommnisse in Aachen"* und sah Aachen als Opfer einer lancierten Kampagne der Presse. Dies konnte der Redakteur Körver nicht auf sich beruhen lassen.

---

[225] Edg, 22.01.1913
[226] Politisches Tageblatt, 11.06.1914
[227] Aachener Post, 17.05.1905

„Namens der Presse muß ich erklären, daß derartige Artikel wohl nicht von der hiesigen, der Lokalpresse nahestehenden Journalisten ausgehen, die Notizen selbst kann man nur als schnoddrig bezeichnen."[228]

Bei der Ursachensuche kam man dem ganzen Debakel auf die Spur: Das Schauspiel „Tante Regine"[229] floppte im Aachener Stadttheater, dessen Kritik die Basis für das Gerücht darstellte. Der behauptete Abriss des Stadttheaters zugunsten eines neuen Kirchenbaus ergab sich aus Rezensionen, die von anderen Blättern aufgenommen, dabei aber unvollständig abgedruckt und glossiert wurden. Mit jeder Kürzung der Fakten wurde so eine abstruse Legende gesponnen, weshalb sich der Redakteur gegen diese Anschuldigungen wehrte und richtigstellte, es handele sich um *„Korrespondenten auswärtiger Blätter, die meist gar nicht den Kreisen der Berufsjournalisten angehören".*[230]

Die Lobbyarbeit verbesserte sich in den folgenden Jahren, wie ein Bericht von 1912 zeigt:

„Bei Gelegenheit der Eröffnung des Aachener Freilicht- und Kurtheaters wurden von der Kurverwaltung die Pressevertreter Deutschlands eingeladen. Der Verkehrs-Verein nahm die Gelegenheit wahr, zu einem Rundgang durch die Stadt, einem Frühstück auf dem Lousberg und einer Wagenfahrt durch Aachens schönen Wald, einzuladen. Die Erschienenen bezeugten ihren Dank durch Artikel über Aachen und ihren Aufenthalt daselbst."[231]

Zusammenfassend kann man festhalten, dass der Verkehrsverein primär die Bekanntheit der Stadt Aachen hob und den Charakter des Heilbades hervorhob, um den Rückgang der Kurgäste entgegen zu wirken. Die internationale Orientierung sollte Gäste erreichen, die vom bisherigen „Odium" nicht gehört hatten.

---

[228] Aachener Post, 17.05.1905
[229] „Tante Regine.eine Erzählung für junge Mädchen" 1892 von Clementine Helm (1825-1896)
[230] Ebenda.
[231] EdG, 25.01.1912

6 Die Wiederbelebung des Verkehrsvereins als Bindeglied zwischen Verkehrsamt und Bürgerschaft (1927-1930)

In den „goldenen zwanziger Jahren" der Weimarer Republik vollzog sich ein grundlegender Wandel auf dem Reisemarkt. Das alte zahlungskräftige Reisepublikum der besitzenden Mittel- und Oberschichten verlor durch die Hyperinflation seine marktbeherrschende Stellung und wurde durch den „neuen Mittelstand" der Beamten und insbesondere Angestellten ersetzt.[232] Die Ära der mondänen „Palast-Hotels" endete unspektakulär.[233]

Diese neue Situation erforderte eine Neubewertung des Fremdenverkehrs mit einer Suche nach neuen Käufergruppen und neuen Wegen zur Absatzförderung.[234] Keitz geht davon aus, dass der Anpassungs- und Konkurrenzdruck die Kommunen sowie das Transport- und Beherbergungsgewerbe vor erhebliche Probleme stellten, die ihrerseits die sozialen Umschichtungen verstärkten. Die Kommunen griffen deshalb zur Selbsthilfe und betrieben Reisebüros und Verkehrsämter in Eigenregie.

Die Stadt Aachen richtete 1927 ein „Städtisches Verkehrsamt" ein, welches der Verkehrs- und Werbeabteilung unter der Leitung Dr. Scheuers untergeordnet war, um dem erkannten Missstand abzuhelfen, den die Rundfrage des Deutschen Städtetags vom 1.5.1925 erkennen ließ.[235] Nur ein knappes Fünftel von reichsweit 272 befragten Städten besaß 1925 weder einen Verkehrsverein noch ein Verkehrsamt. In Deutsch-

---

[232] Keitz 1997, S. 53: *„Die durchschnittliche Zahl von Urlaubstagen bei Arbeitern und Angestellten auf acht bis zwölf Tage angestiegen; fast alle Arbeiter hatten Anspruch auf bezahlten Jahresurlaub. Jedoch bekamen meist nur ältere Betriebsangehörige so viel Urlaub, dass sie tatsächlich eine längere Reise hätten antreten können."*
[233] Reiseweltmeister Spode, S. 105
[234] Keitz 1997, S.35: *„Die Gruppe der Arbeiter mit einem Höchsturlaub von mehr als zwölf Tagen umfaßte 1928 immerhin 12,4 Prozent der erwerbstätigen Arbeiterschaft. Diese Gruppe trug damit- und das war soziokulturell bedeutsam- zu einer schärferen Binnendifferenzierung unter den Arbeitern bei, und lehnte sich gleichzeitig an die für das Gros der Angestellten (87,4%) übliche Höchsturlaubsgrenze von mehr als zwölf Tagen an."* Für die Kur- und Badestadt Aachen war diese Klientel aufgrund des Preisniveaus kaum erreichbar.
[235] Rundfrage des Deutschen Städtetags 15.5.1925 Umfrage städtische Einrichtungen zur Hebung des Fremdenverkehrs. Vgl. Keitz 1997, S. 71

land gab es 1928 fast 900 Verkehrs-vereine und -ämter.[236] Bei einer Niederschrift vom 24.November 1927 formulierte Dr. Scheuer die Forderung[237]:

„Die Gründung einer Interessengemeinschaft bzw. die Auflebung des alten Verkehrs-Vereins in neuer Form wurde als dringend notwendig empfohlen."[238]Die Initiative des Verkehrsamtes trat in Konkurrenz mit dem generellen Werbevertrag der AG für Kur- und Badebetrieb.[239] Die AG für Kur-und Badebetrieb einigte sich mit der Stadt und behielt die Räume als Reisebüro im Elisenbrunnen[240], sie unterstützte allerdings die Gründung eines neuen Verkehrs-Vereins.

„Des Weiteren sagten die Herren des Aufsichtsrates zu, dass sie sich an dem neu zu gründenden Verkehrs-Verein beteiligen würden und sich dort auch dafür einsetzen würden, dass bei Aktionen des städt. Verkehrsamtes, die dem Interesse von Sondergruppen innerhalb des Verkehrs-Vereins dienten, sich diese Sondergruppen jeweils finanziell an der jeweiligen Aktion des städt. Verkehrsamtes beteiligen würden."

Die Betonung auf der Gründung eines Verkehrsvereins „neuer Form" basierte auf den Erfahrungen, die die Kommunen nach 1918 mit den Verschönerungs- und Verkehrsvereinen gemacht hatten. Die Vereine behinderten das kommunale Eindringen in die Fremdenverkehrsarbeit.

---

[236] Spode 2003, S. 106
[237] Teilnehmer: Beig. Dr. Scheuer, Beig. med. Rat. Dr. Clauditz, Rat Dr. Beren, Prof. Dr. Huyskens, Kurdirektor Jungbecker, Museumsdirektor Dr. Kuetgens, Stadtdirektor Dr. Breuer, Baurat Fritz, Prof. Dr. Zurhelle, Leiter des Nachrichtenamtes Wunderlich
[238] OB70-60-I 24. November 1927
[239] Mendonça 2012, S.64
[240] OB70-60-I, 27. Januar 1928; Die AG für Kur-und Badebetrieb hatte den Ersten Abgeordneter Servais auf ihrer Seite: *„Das Verkehrsbüro, das die AG für Kur- und Badebetrieb unterhält, ist am Elisenbrunnen. Wenn die Verwaltung zu der Überzeugung gekommen ist, daß noch ein zweites Verkehrsamt notwendig ist, können sie der Aktiengesellschaft nicht zumuten, daß sie die Kosten hierfür auch noch trägt. Den vertraglichen Bedingungen wird schon entsprochen."* Stadtverordnetenversammlung 16. Oktober 1929 Verwaltungsberichte

Die Vereine

"sahen sich durch die kommunalen Aktivitäten ihrer Kompetenzen enthoben und fühlten sich ihrer, wenn auch geringen, finanziellen Unterstützung sowie der jahrzehntealten Funktion als Honoratiorenvereinigung beraubt."[241]

Die Beharrung der Interessenvereine auf kaiserzeitlichen Traditionen, die die Hebung des Fremdenverkehrs im Rahmen einer gewerblichen Mittelstandspolitik verorteten, verzögerte die dringend nötige Neuorientierung, die der Strukturwandel des Fremdenverkehrs erforderlich machte, angefangen bei den neuen Massenmedien, die als Werbeträger dienen konnten wie Radio, Film bis zur Verbreitung des Omnibusses als neuem Verkehrsmittel und den geänderten Ansprüchen an die Unterkünfte. Dr. Scheuers Denkschrift *"Einige Anregungen zur Hebung des Fremdenverkehrs und des Kurbetriebes der Stadt Aachen"*[242] zielte auf die kommunale Lenkung des bürgerschaftlichen Engagements:

"Der Verkehrs-Verein müsste im kommenden Winter neu belebt werden, damit er in der nächstmöglichen Saison an der Fremdenwerbung tätigen Anteil nehmen kann. Die leider vielfach verbreitete Ansicht, der Verkehrs-Verein sei seit der Errichtung des Verkehrsamtes überflüssig, ist m. E. irrig. Beide haben zwar das gemeinsame Ziel der Fremdenwerbung, doch sind die Wege, die zu diesem Ziel führen, verschieden. Der Verkehrs-Verein setzt sich aus Kreisen der Bürgerschaft zusammen, erzieht seine Mitglieder zur aktiven Mitarbeit in der Fremdenwerbung, ergreift Maßnahmen zur Verbesserung des Verkehrs und zur Verschönerung der Stadt und ist weiter dem Verkehrsamt ein wertvoller Berater."

Die Aufgaben des Verkehrsvereins mit einer begrenzten eigenständigen Rolle formuliert er deutlich:

---

[241] Keitz 1997, S. 76
[242] OB70-60-I, 15. September 1929; Vgl. Mendonça, S. 63

„In manchen Fällen, namentlich da, wo die Mitarbeit der Bürgerschaft unbedingt notwendig ist, könnte der Verkehrs-Verein als Bindeglied zwischen Verkehrsamt und Bürgerschaft den Erfolg sicher stellen. Es steht fest, dass weitere Kreise der Aachener Bürgerschaft in der Fremdenwerbung gerne mitarbeiten, der Verkehrs-Verein ist dazu berufen, diese Kräfte zu sammeln, um sie der Werbung nutzbar zu machen."

Keitz[243] sieht diese mit Hilfe von Zeitungsartikeln und Denkschriften ausgetragenen organisatorischen Streitigkeiten als Symptom der Zeit. Die Öffentlichkeit erfuhr von der neuen volkswirtschaftlichen Bedeutung des Fremdenverkehrs, die besonders bei der Devisenbeschaffung und den Reparationen zu Tage trat, während die Kommunen wie privaten Akteure Zeit und Geld verschwendeten, um ihre „Claims" abzustecken. Die Vorteile des Verkehrs-Vereins überwogen laut Dr. Scheuer:

„Die Stadtverwaltung würde eine starke Stütze für ihre Arbeit finden in einem von neuzeitlichen Ideen getragenen Verkehrs-Verein, wie er in Vorkriegszeiten hier bestanden hat und jetzt neu zu gründen wäre. Der Verein müsste sich zusammensetzen aus den verschiedenen Körperschaften, wie Handelskammer, Handwerkskammer, Einzelhandelsverband, den Vorständen der massgebenden Vereine, um die von hier ausgehenden Anregungen in Zusammenarbeit mit dem Städtischen Verkehrsamte zum Wohle der Gesamtheit zu verwerten, um so Bad Aachen zu einer Fremdenstadt mit Kur- und Badebetrieb ersten Ranges zu machen."[244] Dr. Scheuer wiederholte die Aufforderung zur Wiederbelebung des Verkehrsvereins

„Der Verkehrs-Verein könnte zusammen mit dem Verkehrsamt praktische Arbeit leisten, indem er Anregungen gibt und in der Bürgerschaft den Boden für neue Werbemaßnahmen vorbereitet. Die Mitarbeit der Bürgerschaft, die nun einmal bei

---

[243] Keitz 1997, S. 76
[244] Stadtverordnetenversammlung vom 16. Oktober 1929, Verwaltungsberichte der Stadt Aachen

der Werbung nicht entbehrt werden kann, könnte durch den Verkehrs-Verein wirksam gesteigert werden."[245]

Der Appell fiel auf fruchtbaren Boden. Der „*Verkehrs- und Verschönerungsverein Cornelimünster*"[246] war im Juli 1930 eine intendierte Gründung, die allerdings nur zum Beitritt zum Heimatverein des Kreises Aachen führte, da die Vertreter des Heimatvereins die gemeinsamen Ziele und Interessen stark betonten.

---

[245] Stadtverordnetenversammlung vom 1. Februar 1930, Verwaltungsberichte der Stadt Aachen
[246] EdG, 11.06.1930

7 Der „Verkehrsverein für das Aachener Wirtschaftsgebiet e.V." (1930-1933)

Im September 1930 kam es zur Neugründung des *„Verkehrsvereins für das Aachener Wirtschaftsgebiet e.V."* im Quellenhof unter wohlwollender Beteiligung der Stadtverwaltung. Zum Ziel setzte er sich die Verbesserung der Straßenverhältnisse, die Pflege des Straßenbildes und der städtebaulichen Gestaltung, die Förderung von Industrie und Fremdenwerbung, die Unterhaltung auswärtiger Besucher und die Veröffentlichung eines Informationsblattes für auswärtige Besucher.[247] In der Stadtverordnetenversammlung waren die Meinungen über den Verkehrsverein geteilt, wie an der Verhandlung über einen Zuschuss zur Winterwerbung in Höhe von 500 RM zu erkennen ist. Dr. Moll sprach sich auch angesichts der Wirtschaftskrise gegen eine Finanzierung aus:

„wenn auch der angeforderte Betrag an und für sich nicht hoch ist, so kann uns doch niemand davon überzeugen, für die Presse und den Verkehrs-Verein Propagandamittel bereit zu stellen."[248]

Die Wichtigkeit der Reklame wurde jedoch von einem anderen Stadtverordneten erkannt. Der Medizinalrat Dr. Beren stellte fest:

„Daß es dem Bad Aachen wieder besser geht, ist der wissenschaftlichen Reklame, die die Stadt Aachen nichts kostet, und der von der Stadt und dem Verkehrs-Verein gemachten Propaganda zuzuschrieben. Ich habe die Sache geprüft und kann sagen, daß diese Reklame gut gewirkt hat."

Mit dieser Äußerung konnte die Stadtverordnetenversammlung überzeugt werden, so dass der Zuschuss von 500 RM doch bewilligt wurde. Für die auf balneologischen Zeitschriften abzielende Werbung mit ihren fachmedizinischen Artikeln mag das Urteil Dr. Berens zutreffen. Der Verkehrsverein existierte gerade einmal zwei Monate,

---
[247] EdG, 25.09.1930
[248] Verwaltungsberichte der Stadt Aachen 1930, S. 181

so dass der Erfolg vermutlich mehr dem Verkehrsamt zuzurechnen ist. Die medizinischen Vorzüge des Heilbades Aachens waren umso weniger bekannt, als Aachen aus Kostengründen nicht auf der Internationalen Hygiene-Ausstellung in Dresden 1930 vertreten war, im Gegensatz zur Konkurrenz.

Erste sichtbare Erfolge erlangte der Verkehrs-Verein durch das im Dezember 1930 aufgelegte Faltblatt „Was bietet Aachen?", das mit einer Auflage von 150.000 Exemplaren durchaus eine Breitenwirkung haben konnte. Das Einzugsgebiet dieses Faltblatts waren der Regierungsbezirk Aachen sowie Limburg und Eupen-Malmedy, wobei die ausländischen Gebiete über 40.000 Abonnenten stellten. Die Entlastung der öffentlichen Kassen wurde im Verwaltungsbericht 1930 vermerkt:

„Die Zusammenstellung eines ausführlichen Winterprogramms, wie sie im Vorjahr erfolgte, erübrigte sich, da der neue Verkehrs-Verein seit Dezember 1930 ein kleines Wochenheft „Was bietet Aachen?" herausgibt."[249]

Dieses Faltblatt war der Vorläufer eines Gemeinschaftsprojekts, das öffentliche Hand und bürgerschaftliches Engagement verband.

Die *„Kurzeitung für das Bad Aachen und Burtscheid, herausgegeben von der Kurverwaltung und dem Städtischen Verkehrsamt mit Unterstützung des Verkehrs-Vereins für das Aachener Wirtschaftsgebiet e.V."* wurde zur Sommersaison 1931 aus der Taufe gehoben. Die Schriftleitung übernahm Dr. phil. Oskar Jancke.[250] Der Verkehrs-Verein residierte im Hansahaus Hindenburgstraße 12/14.[251] Die Titelseite der Kurzeitung Nr.1 Bad Aachen vom 15. Mai 1931 zierte ein von Prof. Ludwig Hohlwein gestaltetes Plakat, welches der Verkehrsverein beauftragt hatte. Es zeigte eine sitzende junge Frau mit Krückstock in parkartiger Landschaft, was auf das Rheumabad Aachen mit der Behandlung von Rheuma, Gicht, Ischias und Katarrhe verweisen sollte. Es hob

---

[249] Verwaltungsberichte der Stadt Aachen 1930, S. 19
[250] Dramaturg des Aachener Stadttheaters und Leiter der „Abende der Kuppel", nach 1933 freier Schriftsteller, zu dem Verlag „Die Kuppel" vgl. EdG, 11.11.1932.
[251] Heute Theaterstraße.

sich angenehm von dem konservativen Plakat von Jupp Wiertz ab, welches die „waldumkränzte Kaiserstadt" zum Thema hatte ebenso wie von dem bekannten Plakat der „Jahrtausendausstellung" mit Karl dem Großen hoch zu Ross. Der Verkehrsverein nutzte die Kurzeitung zur Selbstdarstellung:

„Der Verkehrs-Verein verkörpert Lebenskraft und Lebenswillen der Aachener Bürgerschaft und ist bestrebt, die vielfachen Entwicklungsmöglichkeiten der Kur und Badestadt Aachen zu aktivieren."[252]

Der Titel wurde ausgeweitet zur *„Kur-, Verkehrs- und Theaterzeitung für Bad Aachen und Umgebung"* und verstand sich als legitimer Nachfolger des *„Kur-und Fremdenblatts"*. Zur Gewinnung neuen Bildmaterials über Aachen und seine Umgebung schrieb der Verkehrs-Verein einen photographischen Wettbewerb für Amateure aus: *„Neue Motive aus Aachen und seinem Wald"* war das Leitthema.

Die Liste der Preisrichter gibt Aufschluss über die Zusammensetzung des Vorstands des Verkehrsvereins für das Aachener Wirtschaftsgebiet e.V. Der Vorsitzende war der Nadelfabrikant Josef Jungbecker (1874-1944), der seit 1925 die Nadelfabrik Zimmermann leitete. Weitere Mitglieder waren der Architekt Albert Dederichs B.D.A., Dr. C. Hunscheidt, der Stadtverordnete und Direktor der Städtischen Museen Dr. Felix Kuetgens, der Beigeordnete Dr. Scheuer als Leiter des städt. Verkehrsamtes und Gerichts-Assessor Max. Vüllers als geschäftsführender Vorsteher des Verkehrsvereins. Als technische Sachverständige für den Wettbewerb wurden die Photographin Erika Kuphaldt, der Lichtbildner Wilhelm Preim und der Kaufmann J.F. Reinartz als Vorsitzender der Photographischen Vereinigung Aachen genannt.

Darüber hinaus diskutierte der Verkehrsverein das Angebot einer Kraftwagenfahrt, d. h. per Omnibus durch die Stadt Aachen für die Turnierteilnehmer des Reitturniers. Für 1931 vermeldete der Verwaltungsbericht, dass die *Kur-und Fremdenzeitung* in Zusammenarbeit mit dem Aachener Verkehrsverein besser ausgestattet wurde[253]

---
[252] Kurzeitung Nr. 10, 17.06. 1931
[253] Verwaltungsberichte der Stadt Aachen 1931, S. 15

Von der Auflage (5.000 Stück) wurden rund 3.000 an interessierte Personen, Reisebüros und Werbeorganisationen versandt, während 2.000 Stück in Aachen zur Verteilung kamen.(Abb. 20) Die Weiterleitung der Zeitung an die Kurgäste wurde von den Badehotels übernommen. Zur Erzeugung von Synergieeffekten und einer Effizienzsteigerung angesichts der Wirtschaftskrise 1931 wurde die Zeitung im Oktober 1931 umbenannt zur „*Kur-, Verkehrs- und Theaterzeitung*" und diente gleichzeitig als Programm des Stadttheaters. (Abb. 21) Die sonst beworbenen Mittelstandskuren wurden durch Pauschal- und Vergünstigungskuren ersetzt, um sich den gewandelten wirtschaftlichen Bedingungen anzupassen. Am 1. Mai 1932 änderte sich der Titel erneut:

„Kur- und Verkehrszeitung für Bad Aachen, (herausgegeben vom städtischen Verkehrsamt mit Unterstützung des Verkehrs-Vereins) plus Intendanz des Stadttheaters und der Kurverwaltung."

Der Verkehrsverein beteiligte sich unter der Führung von Syndikus Dr. Hunscheidt an der 4.Werbewoche[254] für Stadt und Bad Aachen vom 25. September bis 2. Oktober 1932. Die Machtübergabe an die Nationalsozialisten 1933 sorgte für einen erneuten Namenswechsel wie auch für eine organisatorische Neuordnung der Stadtverwaltung. Ab dem 1. Mai 1933 hieß die Zeitung „*Kur-und Verkehrszeitung für Bad Aachen, herausgegeben vom Städtischen Verkehrsamt und der Kurverwaltung*", was auf die Zurückdrängung des Verkehrsvereins aus der Publikation hinweist. Der neue Schriftleiter der Kurzeitung wurde Dr. Will Hermanns, der auch Leiter des Presse- und Propagandaamtes der Stadt Aachen wurde. Da der Beigeordnete Scheuer am 25.8.1933 für die Dauer von zwölf Jahren als besoldeter Beigeordneter wiedergewählt wurde, avancierte Hermanns nach der Vereinigung von Verkehrsamt und Kurverwaltung zum

---

[254] Vorgänger bestanden 1924, 1925 und 1927. Es besteht eine personelle Kontinuität bei den Akteuren der Werbewoche und den Mitgliedern des Verkehrsverein für das Aachener Wirtschaftsgebiet e.V.

„Kur- und Fremdenamt" 1934 auch zum Leiter dieser Behörde. Er folgte den Vorgaben seines Vorgängers:

> *„Der Fremde, sei er nun Kurgast, Sommerfrischler, Passant oder Tourist, muß zunächst „geworben" werden. Die gebräuchlichsten Werbemittel sind: der Prospekt durch die Vermittlung des Reisebüro, das Inserat und die Empfehlung durch den Arzt oder durch Freunde und Bekannte, daneben das Plakat, der Film und der Rundfunk. Weiter unterrichten die Reise- und Bäderbeilagen der Zeitungen die Leser durch Wort und Bild über die Vorzüge der Kur- und Erholungsorte. Ist der Fremde am Ziel, insbesondere in einem Heilbad eingetroffen, so müssen ihm geeignete Kureinrichtungen zur Verfügung stehen. Für seine Erholung und Unterhaltung muß gesorgt werden, damit er nach beendeter Kur körperlich und geistig gestärkt heimkehren kann. Die Werbung erfolgt bei uns bisher durch das städtische Verkehrsamt, die Unterhaltungen und Veranstaltungen durch die Kurverwaltung. Seit einigen Monaten sind die bis dahin getrennten Dienststellen vereinigt, so daß die Arbeit jetzt fruchtbarer gestaltet werden kann."*[255]

Der „neue Ton" in der Fremdenwerbung wurde offensichtlich im ersten neu gestalteten Prospekt, welches in einer Stückzahl von 120.000 erschien und fast ausschließlich Großfotos enthielt, während der Informationstext stark eingeschränkt war.

Die Kurzeitung wurde umgemodelt zu einem nationalsozialistischen Presseorgan, welches in seinen Winterausgaben, tituliert als *„Aachener Leben"*, Texte vom neu eingesetzten Bürgermeister Quirin Jansen mit Titeln wie „Aachens kulturelle Sendung"[256] verlegte, die hauptsächlich ein Bekenntnis zu Adolf Hitler darstellten. Die demokratische Struktur zivilgesellschaftlicher Vereine war mit dem nationalsozialistischen Führer-Prinzip unvereinbar. Im Rahmen der Gleichschaltung der gesamten deutschen Gesellschaft entschied sich der Verkehrsverein für die Selbst-Auflösung.

---

[255] 19. November 1933 Dr. Scheuer, Verwaltungsberichte der Stadt Aachen
[256] Aachener Leben, 29.10.1933

„Da Vorsitzender und Vorstand des Verkehrs-Vereins keine Möglichkeit sehen, in diesen schweren Zeiten die vom Verein für eine intensive Betätigung in der Verkehrswerbung und Förderung benötigten Gelder aus den am Verkehrsleben interessierten Kreisen aufzubringen, und da nach Richtlinien für die Werbearbeit, die der Bund Deutscher Verkehrsverbände herausgebracht hat, in den einzelnen Orten überdies Verkehrsämter und Verkehrs-Vereine nicht mehr nebeneinander bestehen sollen, übernimmt das Verkehrsamt unter Zustimmung des Oberbürgermeisters die Arbeiten des Verkehrs-Vereins. Der Verkehrs-Verein soll mit Wirkung zum 31. Dezember 1933 aufgelöst werden. Die Generalversammlung, die den notwendigen formellen Beschluss fassen soll, ist für kommende Woche einberufen worden."[257]

Damit endete die kurze Geschichte des „Verkehrsverein(s) für das Aachener Wirtschaftsgebiet e.V.", der zur Unterstützung der Stadtverwaltung für die Zeit nach der belgischen Besatzung gedacht war. Der Versuch der Hebung des Fremdenverkehrs mitten in der Weltwirtschaftskrise, die den Austausch von Kapital und Menschen zwischen Staaten massiv behinderte, scheiterte an der geringen finanziellen Ausstattung, mangelnder Unterstützung durch die Bürgerschaft und schließlich der Etablierung des nationalsozialistischen Regimes. Den Umbau des Fremdenverkehrsgewerbes durch die staatliche Implementierung antisemitischer Gesetze erlebte der Verein nicht mehr.[258]

---

[257] EdG, 5.12.1933
[258] Frank Bajohr „Unser Hotel ist judenfrei".- Bäder-Antisemitismus im 19. und 20. Jahrhundert, Frankfurt a. M. 2003.

8 „Ein nachgerade aufsehenerregender Start" – Verkehrsverein Bad Aachen e. V. (1949-?)

Der verlorene Krieg mit seinen enormen Zerstörungen von Wohnraum und Infrastruktur stellte die überlebende Bevölkerung vor existenzielle Herausforderungen, so dass an Urlaub zuerst nicht zu denken war.[259] Das Beherbergungswesen und das Verkehrswesen litten unter gravierenden Schäden. Hotels wurden beschlagnahmt, um Flüchtlinge, Verwundete und das eigene Personal unterzubringen, und die Transportkapazität der Eisenbahn war durch Zerstörungen und Energieknappheit erheblich eingeschränkt.[260]

Erst die Währungsreform vom 20. Juni 1948 und die Etablierung der Bundesrepublik Deutschland sorgten für eine Verbesserung der Lage. Die Erweiterung der Übernachtungskapazitäten, die Freimachung beschlagnahmter Hotels von kurzfristig eingewiesenen Flüchtlingen und durch Ausbombung obdachlos gewordenen Bürgern sowie der Wiederaufbau zerstörter Unterkünfte waren die oberste Priorität des Fremdenverkehrsgewerbe, während die Bevölkerung der zerbombten Großstädte weiterhin unter extremer Wohnungsnot litt.

Als Aachen das Aachener Waldrennen am 8. August 1948 ausrichtet, waren noch nicht genügend „offizielle" Unterbringungsmöglichkeiten für Ortsfremde vorhanden. Der Motorsportverein Grenzland richtete sich deshalb per Anzeige in der Aachener Volkszeitung mit der dringenden Bitte an die Bevölkerung, Quartiere gegen Bezahlung zur Verfügung zu stellen:

„Angesichts der Semesterferien wird es vielleicht möglich sein, das eine oder andere Studentenquartier zur Verfügung zu stellen". [261]

---

[259] Nach dem 2. Weltkrieg waren von ehemals 14.000 Häusern der Stadt 43% vollkommen zerstört und weitere 40% mehr oder weniger beschädigt.
http://www.aachen.de/de/stadt_buerger/planen_bauen/denkmalpflege/hauptthema_denkmalpflege.html (20.12.2013)
[260] Keitz 1997, S. 258
[261] http://www.geocaching.com/geocache/GC2GTM9_aachener-waldrennen?guid=1ad886bc-3d7b-4e18-b3c0-10544c5883f2

Die Stadt hatte 1949 ein Kurhotel, vier Hotels, sieben Gasthöfe, sieben Fremdenheime, die Rheumaklinik und drei Massenunterkünfte (umgenutzte Bunker).

Die Neugründung des Verkehrsvereins erfolgte am 1. Februar 1949, also noch vor der Gründung der Bundesrepublik Deutschland, auf Initiative des 1946 gewählten Oberstadtdirektors Albert Servais und Jacques Königstein im Hochhaus „Haus Grenzwacht" in der Römerstraße.(Abb. 10) Albert Servais (1887-1974) war nach seiner Zwangspensionierung als Bürgermeister aufgrund des „Gesetzes zur Wiederherstellung des Berufsbeamtentums" seit 1933 als Geschäftsführer für die „Kur- und Badegesellschaft GmbH" tätig und verband so Verwaltungskenntnisse mit der Organisation des Badewesens. Ebenfalls von städtischer Seite anwesend war Oberbürgermeister Albert Maas (1888-1970) als Mitbegründer der Aachener CDU und der Aachener Volkszeitung. Dr. Kurt Sonanini (1900-1963) als erster Vorsitzender hatte bereits in der Weimarer Republik für die „Aktiengesellschaft für Kur-und Badebetrieb" gearbeitet, so z.B. als Vertreter des Aufsichtsrates und als Vertreter des Verkehrsbüros der „Aktiengesellschaft für Kur- und Badebetrieb" in den Verhandlungen um die Nutzung des Elisenbrunnens. Als hauptamtlicher Geschäftsführer des Aachener Verkehrsvereins war der Versicherungskaufmann Jacques Königstein bestens vernetzt im Aachener Karneval und Rundfunk.[262] Alle genannten Personen waren auch an der Stiftung des „Internationalen Karlspreises" beteiligt. Es zeigt sich eine gewisse personelle Kontinuität von dem Vorläuferverein während der Weimarer Republik hin zur Bundesrepublik. Die Hebung des Fremdenverkehrs war gemeinsames Ziel des *„Verkehrsverein Bad Aachen e.V.".*

„Der Verein verfolgt den Zweck, den Fremdenverkehr in Aachen zu fördern und hierdurch der Bürgerschaft sowie der gesamten Wirtschaft im Raum Aachen zu dienen."

---

[262] "Ein Herr - aber mit Saft." Spiegel, 46/51

Die Anfänge des Verkehrsvereins waren bescheiden:

"Man fing „klein", das heißt bescheiden an: eine Portierloge im Hochhaus am Bahnhofplatz wird die „Residenz" des ehemaligen Aachener „Empfangchefs". Königstein verpflichtete als erste „Hostess" und Schreibkraft eine Studentin zu einem Halbtagsjob, schaute in die leere Kasse und streckte zur „Initialzündung" zwanzig Deutsche Mark für die Porto-Kasse vor."[263]

Das Gründungsprotokoll vom 1. Februar 1949 trug 22 Unterschriften."[264] (Abb.23) Weitere Mitglieder waren der Textilindustrielle Josef Hirtz[265] als stellvertretender Vorsitzender, sowie die Beisitzer Josef Schönheit, Matthias Moll, Dr. Hunscheidt, Dr. Veltz, Dr. Kinting und Josef Körner. Königstein erinnerte sich an diese Anfänge:

„Das Inventar dieses Büros der ersten Stunde bestand aus wenigen, zusammen-geschnorrten Möbeln und einem bereits arg zerhackten Buchstabenmaschinengewehr (lies Schreibmaschine)."[266]

Salopp formulierte er den Beginn der Kooperation zwischen der Stadt Aachen und der bürgerschaftlichen Initiative:

„In weiser Voraussicht, daß der bei der Stadt beantragte Zuschuß auf seinem Wege durch die kommunale Instanzen etwas auf sich warten lassen würde, machte Oberstadtdirektor Dr. Servais runde 500 Mark als finanzielle Starthilfe für den jungfräulichen Verkehrs-Verein locker.

„Wider Erwarten gestalteten sich die Finanzen schlagartig günstig", berichtet Königstein über die Entwicklung. In der Mitgliederwerbung (Beitragszahlungen folg-

---

[263] Hanns Männhardt. Aachen, Bilder und Berichte 1971, Bd. 33, S. 32f
[264] Jutta, Katsaitis-Schmitz, Helmut. A. Crous im Spiegel der Zeitgeschichte, S. 93
Amtsgericht -Vereinsregister 5. Mai 1949 Nr. 456
[265] Josef Hirtz war auch Teil der von Franz Oppenhoff errichteten Zivilverwaltung. vgl. Saul K. Padover: Lügendetektor. Vernehmungen im besiegten Deutschland 1944/45, Frankfurt/M. 1999
[266] Ebenda

ten auf dem Fuße) hatte der Aachener Dr. von Froreich eine besonders glückliche Hand."[267]

Die Notwendigkeit zur Förderung des Fremdenverkehrs war leicht zu erkennen, vergleicht man Aachens Situation vor dem 2. Weltkrieg mit der Lage 1949:

„vor dem zweiten Weltkrieg 368.000 Übernachtungen,- „da verfügten die Hotels und Pensionen der Stadt über 1.711 Fremdenbetten. Man zählte die Betten vier Jahre nach dem Kriege: es waren ihrer nur noch zweihundert... Schlechte Zeiten."[268]

Der Aufschwung in der neugegründeten Bundesrepublik zeitigte schon nach wenigen Jahren erste Erfolge auf dem Fremdenverkehrssektor:

„Aachens Fremdenverkehr im Lichte der Statistik

Die Zerstörungen während des zweiten Weltkriegs waren in Aachen wohl auf keinem Gebiet so groß wie beim Beherbergungsgewerbe. Bis zur Währungsreform waren die Unterkunftsmöglichkeiten auf wenige Gaststätten, vorwiegend Fremdenheime und Notunterkünfte, beschränkt. Die Tatkraft der Hoteliers, Gastwirte und Pensionsführer, unterstützt durch die städtische Verwaltung, ist es zu danken, daß heute wieder eine Reihe von gut eingerichteten Hotels, Gasthöfen und Fremdenheimen in allen Teilen der Stadt bestehen, die den Fremden, die alljährlich in ständig steigender Zahl nach Aachen kommen, bequemen Aufenthalt bieten. - am 1.1.1952 hatte Aachen 40 Beherbergungsbetriebe mit 462 Zimmern und 845 Betten."[269]

Durch das persönliche Engagement der Mitglieder wuchs der Verkehrsverein, wie sich Königstein erinnert:

---

[267] Hanns Männhardt, Aachen, Bilder und Berichte 1971, Bd. 33, S. 32f
[268] Merian Aachen 1949. S. 93
[269] Statistische Nachrichten der Stadt Aachen Nr. 15 Februar 1952, hrsg. v. Statistischem Amt

„*Wenn es diesen Dr. Froreich mit seinem so optimistisch klingenden Namen und seiner Unverzagtheit nicht gegeben haben würde, wir hätten ihn erfinden müssen! Durch die laufenden Beitragseingänge war schnell der laufende Betrieb im Verkehrs-Verein gesichert. Das führte zu dem Beschluß, uns bereits nach zwei Jahren des Bestehens personell und räumlich zu vergrößern.*"[270]

1951 wurde der Verkehrs-Pavillon auf dem Bahnhofsplatz erbaut, abgesichert „durch zinslose Vorauszahlungen dreier Firmen (Verlagsagentur Falter, Reisebüro Krebser und Versicherungsbüro Königstein)". „Mister Aachen" blieb geschäftsführender Vorsitzender bis 1958.[271] Wie aus den Akten des Landesverkehrsverbandes Rheinlandes e.V. hervorgeht, stieg die Bettenzahl von 851 im April 1952 bis 1956 auf 1.405 Betten, desgleichen die Übernachtungen von 192.630 im Jahr 1952 auf über 286.666 Übernachtungen zum Stichtag am 1.04.1956.[272] Eine beachtliche Aufbauleistung angesichts der Tatsache, dass noch 1958 Bunker als Notunterkünfte dienen mussten, um die Wohnungsnot zu lindern.[273]

Die wirtschaftlichen und gesellschaftlichen Rahmenbedingungen für den Fremdenverkehr verbesserten sich stetig, da alle Bundesländer zwischen 1946 und 1952 Urlaubsgesetze erließen, die einen Mindesturlaub von 12 Werktagen festlegten.[274] Zudem trat 1957 das Rentenversicherungs-Neuregelungsgesetz in Kraft, welches neben der Rehabilitation auch die Möglichkeit einer Präventivkur gesetzlich verankerte, was für Aachen einen stetigen Zuwachs von Kurgästen von 1956 bis 1975 bedeutete. Die gesetzliche Krankenversicherung ermöglichte jetzt allen Gesellschaftsschichten diese Art der Gesundheitsvorsorge und erweiterte den Kreis potentieller Kunden. Von 1952 bis 1958 arbeitete der VVA in Bürogemeinschaft mit dem Büro Königstein in einem für den Verkehrsverein erbauten Pavillon auf dem Bahnhofsplatz.

---

[270] Hanns Männhardt, Aachen, Bilder und Berichte 1971, Bd. 33, S. 32f
[271] Seit Mai 1971 war er Ehrenmitglied. Aachen, Bilder und Berichte 1971, Bd. 33, S. 32f
[272] Akten des Landesverkehrverbandes e.V., Archiv aachen tourist service e.v., Statistisches Landesamt
[273] Heinz Malangré, aus Trümmern zu Europastadt, Aachen von 1945 bis 2005, Aachen 2005
[274] Keitz, S. 263

8.1 Die Bundesrepublik entdeckt das Reisen

Ab 1958 kam es bundesweit zu einer Modernisierung und Professionalisierung der Fremdenverkehrswerbung, so dass Frese analog zur „Freßwelle" und „Einrichtungswelle" von einer „Reisewelle" spricht, wobei die Werbewirkung eine nicht erwartete Resonanz zeigte, wie Keitz feststellte:

> „Erst um 1960 kam es hier wie in anderen Bereichen des Tourismus zu signifikanten Trendverschiebungen. Auch die Ortsprospekte erinnern Anfang der Fünfziger Jahre in Ihrer Aufmachung noch weitgehend an die Prospekte der endzwanziger und dreißiger Jahre"[275]

Diesem erweiterten Beratungsbedarf geschuldet zog der Verkehrsverein 1958 aus dem zu klein gewordenen Pavillon, der in den sechziger Jahren den Spitzname „Königsteins Zwei-Masten-Zirkus" erhielt, denn „die zeltförmige Architektur des Oval-Flachbaus forderte solche Vergleiche nachgerade heraus."[276]
Königstein äußerte souverän:

> „wenn's der Popularität des Anliegens, das wir im Verkehrs-Verein vertreten, zugute kommt! Warum auch nicht einmal Zirkusdirektor?"[277]

Der Mietvertrag für den Pavillon lief 1961 ab, woraufhin die Stadt allerdings erst 1964 im Rahmen der Stadterneuerung den Pavillon abriss. Die Geschäftsstelle des Verkehrsvereins zog deshalb bereits 1958 in den Neubau Bahnhofsplatz 4, wiederum in Bürogemeinschaft mit Königstein.[278] Dr. Sonanini übernahm den Vorsitz für den das Rentenalter erreichenden Jacques Königstein.

---

[275] Nowack 2006, S. 233; Keitz 1997, S. 268
[276] Männhardt 1971
[277] OB76-1-XVIII 93-100, Die Freifläche war den Aachenern als Standort von Zirkuszelten und Schaubuden bekannt, wie Fotografien von 1912 belegen.
[278] Aachen, Bilder und Berichte 1971, Bd. 33, S. 32f

Zum 10- bzw. 11-jährigen Jubiläum konnte der Verkehrs-Verein eine positive Bilanz seiner Arbeit ziehen, wie ein Artikel aus der „*Aachener Volkszeitung*" deutlich macht:

„Zum Jubilieren haben wir weder Zeit noch Geld, aber ein wenig stolz dürfen wir doch wohl sein auf das, was in den zehn Jahren buchstäblich aus dem Nichts wieder erstand und- so hoffen wir- noch lange bestehen wird."[279]

Die Betonung liegt trotz einer kollegialen Zusammenarbeit mit dem städtischen Kur- und Werbeamt auf dem bürgerschaftlichen Engagement und lokalpatriotischer Verpflichtung.

„Die Arbeit war von Beginn an darauf ausgerichtet, daß der Verein nicht der verlängerte Arm oder das Anhängsel einer Behörde war, sondern daß man als einzig anerkannte Organisation auf diesem Gebiet und als eine von Aachens Wirtschaft und Bürgerschaft getragener Verein zum Besten der Vaterstadt tätig sein sollte."

Der unmittelbare Nutzen des Verkehrsvereins für die Bürger der Stadt wird betont:

„Der Verkehrsverein hat sich zu einem Mittelpunkt für Aachens Gäste und in vielen Fälle auch für die Aachener selbst entwickelt. Hier laufen mancherlei Fäden zusammen, und mancherlei Wünsche werden ehrenamtlich erfüllt, für die vielleicht andere Stellen keine Zeit oder kein Interesse haben."

Seit Anfang der 1960er Jahre erlebten die Arbeitnehmer in allen Branchen das arbeitsfreie Wochenende und die Verlängerung des Jahresurlaubs. Mit dem Urlaubsgesetz 1963 wurde erstmals ein Mindesturlaubsanspruch gesetzlich verankert. Als gesetzlicher Mindesturlaub waren 1956 zwölf und 1963 15 Tage festgelegt.[280]

Zur Anpassung an die geänderten Rahmenbedingungen des Fremdenverkehrsgewerbes entschied sich der Verkehrsverein 1964 zu einer Umstrukturierung, bei der die Aachener Werbegemeinschaft und die Parkgemeinschaft integriert wurden.

---

[279] AVZ 26.03.1960, AN 26.03.1960, AVZ 30.03.1960
[280] Keitz 1997, S. 263

Diese Unternehmung war nicht vor dauerhaftem Erfolg gekrönt. Männhardt kommentierte bereits 1971:

„Heute freilich hat sich der Verkehrsverein wieder seines etwas zu großen Anzugs entledigt und auf die ursprünglichen Aufgaben zurückgezogen, als da sind: Werbung für Aachen, Touristenbetreuung, Information, Zimmervermittlung, Ausrichtung von Tagungen und kleinerer Kongresse: Mit gleichbleibendem Erfolg, wie Königstein anhand von Zahlenmaterial und ungezählter Dankesschreiben aus aller Welt beweisen kann."

Ab dem 5. August 1965 war Helmut A. Crous, der bekannte Journalist und Aquensiensammler, der Vorsitzende des Verkehrsvereins Bad Aachen e.V. Die Werbung für Aachen ging mit dem Zeitgeist. So wurden die ersten Hostessen bereits 1967 eingesetzt, ausgestattet mit dem „Aachen-ABC"[281] und Printen anzutreffen auf Touristikmessen. Bis circa 1971 stiegen in Aachen Bettenzahl und Übernachtungen, so waren es im Jahre 1968 465.578 Übernachtungen, 1969 sogar 472.534 Übernachtungen.

---

[281] Erwin Klein, Aachen-ABC, Aachen 1960; Holger A. Dux, Weißt du noch ? -Nachrichten und Anekdoten der 60er Jahre, Aachen 2008, S. 53

8.2 Vom Kurwesen zum Städtetourismus - modernes Stadtmarketing

1971 stellte sich als großes Jahr des Wandels für den Verkehrsverein dar. Der langjährige geschäftsführende Vorsitzende Königstein erklärte sein Ausschieden aus dem Vorstand, blieb aber auf Bitten des Vorstands noch drei Jahre im Vorstand.[282] Bei der Jahresversammlung am 16.4.1971 stellte Königstein die Hostessen für die neu errichtete „Touristenleitstelle mit Herz" vor, die am Standort Aachen-Lichtenbusch den ausländischen Gästen *„ein freundliches erstes Willkommen in drei Sprachen"* entbieten sollten. Dieser ersten Informationsstelle folgte am 8. Juli 1971 eine zweite Auskunftstelle an der deutsch-niederländischen Grenze bei Vetschau.

„Am Autobahngrenzübergang Aachen-Nord (Vetschau) wird eine von der Commerzbank und der Kreissparkasse Aachen gemeinsam betriebene Wechselstube eingerichtet. In dem 90 qm großen, modern gestalteten Geschäftsraum, der im Turnus von den beiden Geldinstituten besetzt ist, wurde auch ein Informationsstand des Verkehrsvereins vorgesehen, an dem sich -bis zu einer personellen Besetzung durch eine Hostess- die Einreisenden mit dem ausgelegten Informationsmaterial über Aachen „selbst bedienen müssen."[283]

Die Besetzung mit Hostessen erfolgte erst im September 1971.[284] Dennoch konnte der Verkehrsverein vermelden, dass in der ersten Saison 26.000 Auskünfte an die grenzüberschreitenden Reisenden erteilt wurden, wobei 20 Prozent sich mit Aachen befassten. Wie Geschäftsführer Müllender[285] bestätigte, wurden die Informationstätigkeiten ausgeweitet auf die Nordeifel, um den Typ des „Autowanderers" entgegen zu kommen. Aufgrund der Krise des Regionaltourismus, die durch das stetig wachsende Interesse nach Auslandsreisen der „Neckermänner" erzeugt wurde, mussten klassische

---
[282] Aachen, Bilder und Berichte 1971, Bd. 33, S. 32f
[283] Ebenda.
[284] Jutta Katsaitis-Schmitz, Helmut A. Crous (1913-1993) im Spiegel der Zeitgeschichte.- zum 100. Geburtstag von Helmut A. Crous, Aachen 2013 (im Folgenden abgekürzt als Katsaitis-Schmitz 2013)
[285] Rolf Müllender ab 1969 als Nachfolger Königsteins als Geschäftsführer (Kutsaitsis-Schmitz 2013. S. 94)

Orte für Wochenend-, Ausflugs-und Städtetourismus wie Aachen „fühlbare Einbußen" hinnehmen.[286] Geschäftsführer Müllender zog bei der Generalversammlung folgende Bilanz:

„Die Zahl der Dienstleistungen betrug im Berichtsjahr 350171 gegenüber 177305 im Vorjahr. Hier durch erklärt sich auch die Verteilung von 600.000 Reiseprospekten. Die intensive Werbung für Aachen lag bei 116418. Fasst man die drei Informationsstellen, das Stadtbüro und die beiden Grenzauskunftsstellen zusammen, so liegen je ein Drittel für Aachen, für den Nahbereich und für das übrige Bundesgebiet."[287]

Die finanziellen Verhältnisse beurteilte der Schatzmeister O.Schwind eher sachlich

„Der Schatzmeister war sicher kein reicher Mann. Einnahmen und Ausgaben konnten sich so gerade die Waage halten."

Daraufhin betonte der Geschäftsführer die finanzielle Unterstützung des Verkehrs-Verein durch die Stadt Aachen und die gegenseitige Unterstützung und Abstimmung mit dem Kur- und Verkehrsamt bei *„getrennter Personalunion"*.[288] Nicht nur für diese Zusammenarbeit sprach Oberbürgermeister Hermann Heusch Dank und Anerkennung für die bisher geleistete Arbeit aus, erkannt er doch, daß *„ in der Pflege des Fremdenverkehrs eine echte Chance für den Anziehungspunkt Aachen steckt."* Die Generalversammlung schloss mit der Erinnerung an Dr. Fritz Velz, der bis zu seinem Ableben 22 Jahre lang aktives Mitglied gewesen war. Ein Vortrag des Direktors der Neuen Ga-

---

[286] Matthias Frese, Naherholung und Ferntourismus. Tourismus und Tourismusförderung in Westfalen 1900-1970, S. 339-386, in: Wilfried Reininghaus / Karl Teppe (Hrsg.): Verkehr und Region im 19. und 20. Jahrhundert, Paderborn 1999, (=Forschungen zur Regionalgeschichte, Bd. 29)
[287] AVZ 15.03.1973
[288] AVZ 15.03.1973; Gerhard Diesch Kurort-und Städtemarketing.- Das Beispiel Aachen, München 1982, S. 51 (abgekürzt als Diesch 1982) Kur- und Verkehrsamt und Verkehrs-Verein Bad Aachen e.V. kooperieren. Das Kur- und Verkehrsamt war ein Ergebnis der kommunalen Neuordnung gemäß dem Gesetz zur Neugliederung der Gemeinden und Kreise des Neugliederungsraumes Aachen (Aachen-Gesetz) vom 14. Dezember 1971.

lerie Aachen, Dr. Wolfgang Becker, mit dem Titel „Zu Gast in den Museen unserer Stadt", rundete den Abend ab.

Zur Besserung des Straßenbildes unterstützte der Verkehrs-Verein die Aktion „Sauberes Aachen". 1973 wurden 1,3 Millionen Menschen durch unterschiedliche Leistungen betreut.[289] Die zweite Nachkriegsrezession 1974/75 forderte den Verkehrs-Verein besonders, wie Herr Müllender feststellte beim 25-jährigen Jubiläum des Verkehrsvereins Bad Aachen e.V.:

„Wir haben nach dem Grundsatz gehandelt: Gewinnbringender Tourismus setzt Werbung voraus, Der Erfolg ist zwar nicht messbar, jedoch spürbar."[290]

Die siebziger Jahre bedeuteten für Aachen trotz aller Bemühungen einen Niedergang. Laut Statistikamt fiel die Bettenzahl von 2.360 Betten im Jahre 1971 auf einen Tiefststand von 2.119 Betten 1977, wobei die Übernachtungen für die betroffenen Jahre von 491.461 auf 416.721 Übernachtungen sanken, um sich bis 1980 wieder auf 459.218 Übernachtungen zu steigern. Neben dem Stadttourismus war besonders das Kur- und Bäderwesen betroffen, wie eine Untersuchung von 1977 darlegt:

„Insgesamt betrachtet kann festgestellt werden, daß in Aachen für Kurgäste ein sehr beschränktes Beherbergungsangebot zur Verfügung steht. Diese Aussage trifft auch für die vergangenen Jahre zu. Eine Ausweitung des Übernachtenden Kurverkehrs ist somit nur über eine Ausweitung eines für Kurgäste geeigneten Beherbergungsangebots möglich, dabei ist darauf zu achten, daß das Preisniveau neuer Angebote gegenüber den Anbietern in anderen Heilbädern konkurrenzfähig ist."[291]

Die Zahl der Kurgäste war seit 1972 rückläufig:

---

[289] AVZ 10.03.1974
[290] AVZ 20.03.1974
[291] Joachim Maschke, Dr. Dieter Stockburger, „Untersuchung über Situation und Entwicklungsmöglichkeiten des Kurverkehrs in Bad Aachen", Mai 1977 (Deutsches Wirtschaftswissenschaftliches Institut für Fremdenverkehr an der Universität München), S. 9

„Im Zeitraum 1972 bis 1977 lag der Anteil der Auslandsgäste an der Gesamtzahl der Kurgäste sowie der auf sie entfallende Übernachtungsanteil unter 1%."[292]

Vom internationalen Charakter des Heilbades hatte sich nicht viel erhalten. Eine Analyse des Fremdenverkehrsmarketings stellte fest:

„Da sich die Gesamtstruktur des Kurverkehrs im Betrachtungszeitraum (1972-1977) relativ wenig verändert hat, ist grundsätzlich in Frage zu stellen, ob Aachen als Kur- und Bäderstadt bei Privatkurgästen ein entsprechendes Image besitzt. Es ist Aachen nicht gelungen, an der lange Zeit positiven Entwicklung der privaten Kurgastnachfrage zu partizipieren. Ein entsprechend umfangreiches Stammkundenpotential an Privatkurgästen fehlt aus diesem Grund. Auch wenn - wie aufgezeigt das zahlenmäßige Gewicht der Privatkurgäste gering ist, so ist doch die Bedeutung des Kursektors ingesamt sowohl für den Fremdenverkehrsmarkt (46.6% aller Übernachtungen sind dem Kurbereich zuzurechnen) als auch für die Lebensqualität der Einwohnerschaft Aachens hoch zu veranschlagen."[293]

Diese ehrliche, wenn auch niederschmetternde Analyse erforderte eine grundlegende Neuorientierung, bei der der Verkehrsverein einen entscheidenden Beitrag leisten sollte. Statt der Konzentration auf den Sozialkurgastverkehr mussten neue Gästegruppen erschlossen werden. Der Bereich des Kongress-Marketing bot sich aufgrund des Hochschulstandortes und der neu geschaffenen Räumlichkeiten des am 4. September 1977 errichteten Eurogress an, so dass Helmut A. Crous feststellen musste:

„Mit der Weiterentwicklung der Touristikstadt Aachen hat leider das Angebot an Hotelbetten nicht Schritt gehalten. Hier ist ein Mangel festzustellen, der sich vor allem auch auf größeren Kongressen bemerkbar macht."[294]

---

[292] Ebenda, S. 11
[293] Ebenda, S. 13
[294] AVZ 24.03.1976

Der sichtbare Beginn der Neuorientierung war die Entwicklung eines neuen Leitbildes unter dem Slogan *„Sprudelnde Vielfalt"*, der viele verschiedene touristische Angebote unter sich vereinigte. Die Professionalisierung der Fremdenverkehrswerbung erlaubte dem Verkehrs-Verein eine Expansion auf 18 Mitarbeiter, davon 4 Auszubildende, da der Verkehrs-Verein seit 1979 durch eine Kooperation mit IHK und Arbeitsamt als Ausbildungsbetrieb anerkannt war. Im März 1980 erfolgte eine Erweiterung des City-Büros, das als „die neue Visitenkarte Aachens" dienen sollte. Geschäftsführer Armin F. Rekitt informierte über eine geplante, fortlaufende Dia-Show über Aachen bei Einbruch der Dunkelheit in einem der Schaufenster.[295]
Die Orientierung auf Tages- und Stadttouristen zeigte sich in der Erfolgsbilanz. Die Übernachtungszahlen stiegen bis 1982 auf 452.338 an, wobei das neue Angebot des „City-Bummels" besonders gerne angenommen wurde. So stieg die Anzahl der Führungen von 900 im Jahr 1979 auf fast 5.000 im Jahr 1982.[296] Der damit verbundene hohe Personaleinsatz blieb nicht unbemerkt, wie die Erfolgsbilanz betont:

„täglich sind zehn Hostessen voll im Einsatz, um den Gästen unsere Stadt zu zeigen"[297]

Die Ausbildung der Stadtführer erfolgte durch Dr. Lepper vom Museumspädagogischen Dienst der Stadt Aachen und dem Rhetoriklehrer Royé, um ein hochwertiges Produkt vermarkten zu können. Ab April 1981 veranstaltete der Verkehrsverein Seminare zum Thema „Gästebetreuung in Aachen", die sich nach Ansicht des Verkehrs-Vereins einer guten Resonanz erfreuten. Auf dem Gebiet des „Merchandising" etablierte der Verkehrs-Verein einen Souvenirhandel mit Aachens neuem Logo[298], um den Bekanntheitsgrad Aachens zu steigern.

---

[295] Kautsaitis-Schmitz 2013, S. 95
[296] AVZ 15.03.1983
[297] Aachen, Bilder und Berichte, Ausgabe 54/1980
[298] Diesch 1982, S. 81

Die Zusammenarbeit mit Reisebüros gestaltete sich problematisch, da diese sich nachfrageorientiert auf Auslandsreisen konzentriert hatten, so dass die Kooperationsversuche mit 800 Reisebüros wenig messbare Erfolge brachte.[299] Der starke Trend zur Pauschalreise führte zur Entwicklung des sog. „Aachen-Arrangements", bei der der reiselustige Konsument per Postkarte Prospekte anfordern und eine solche Reise beim Verkehrsverein buchen konnte.

Im Juni 1983 wurde Helmut A. Crous zum Ehrenvorsitzenden gewählt. Es war bereits klar, dass im Spätherbst eine neue Vorstandswahl stattfinden würde, da eine Neuorganisation des Kur-und Verkehrswesen in Aachen vorbereitet wurde.[300] Am 27. September 1983 erfolgte die außerordentliche Mitgliederversammlung. Die Ergebnisse dieser Versammlung erfuhr die Öffentlichkeit am 20.09.1983.

„Das hatte zwei Konsequenzen. Die Stadt steht mehr als bisher für den Haushalt des VVA gerade und kontrolliert die Finanzen des Vereins. Deshalb ist es nur logisch, dass sie zweitens auch den Vorsitzenden stellt, seit Dienstagabend heißt der Vorsitzende des VVA Oberstadtdirektor Dr. Heiner Berger."[301]

Zweiter Vorsitzender wurde Alfred Wellen als Vertreter des Einzelhandel. Das Amt des Schatzmeisters übernahm Ernst Fischer von der Stadtsparkasse. Die Neuorganisation erforderte eine Satzungsänderung bei Beibehaltung der Gemeinnützigkeit. Dr. Berger würdigte den *„rationalen Opfergang des Monsieur oder Mister Aachen"*. Crous dankte mit den Worten:

„Der Verkehrs-Verein ist ein Stück von meinem Herzen und so soll es bleiben."

Unter Oberstadtdirektor Dr. Berger übernahm der Verkehrsverein weitere Aufgaben. Per Vertrag wurde festgelegt, dass der Verkehrsverein im Sinne der Stadt Aachen die Fremdenverkehrswerbung durchführen sollte. In der Folge wurde das bis dahin vom Kur- und Verkehrsamt betriebene Informationsbüro im Haus Löwenstein übernom-

---

[299] Ebenda, S. 88
[300] AVZ 10.06.1983
[301] AVZ 20.09.1983

men und das Städtische Amt 1985 endgültig aufgelöst. In den Folgejahren entwickelte sich der Verein zu einer professionellen Dienstleistungsagentur. Dem Zeitgeist entsprechend änderte er dann auch 2007 seinen Namen in *„aachen tourist service e. v."*, blieb aber bis heute als Verein bestehen.

9 200 Jahre bürgerschaftliches Engagement zur „Hebung des Fremdenverkehrs"- ein Resümée

Der Wandel der wirtschaftlichen, kulturellen und sozialen Bedingungen erforderte eine konstante Anpassungsleistung des Bürgertums zur Sicherstellung seiner wirtschaftlichen wie gesellschaftlichen Positionen. Die Bedrohung dieses Status erzeugte bei jeder Krise eine Neuorientierung und Positionierung, denn der Aufstieg der Stadt war direkt mit dem Aufstieg des städtischen Großbürgertums verknüpft. Vermittels des Vehikels der Honoratiorenversammlung, organisiert als zweckgebundener Verein, bewahrte die gesellschaftliche Oberschicht intern (proto-) demokratische Verfahrensweisen wie z. B. die Wahl des Vorstandes etc., die aus der Selbstverwaltung der Freien Reichsstadt vertraut waren, um ihre wirtschaftlichen Interessen zu fördern. Dabei waren sich die Vereine oft eher der gesellschaftlichen Wandlungen bewusst als die politischen Entscheidungsträger auf kommunaler Ebene und erkannten einen Handlungsbedarf, den sie zum Nutzen der Stadt verwenden wollten.

Die bewusste Entscheidung, bei der Entwicklung der Stadt Aachen den Tourismus als ein Standbein der örtlichen Wirtschaft zu etablieren, sorgte für eine beständige Reinkarnation der Fremdenverkehrsvereine.

Sie dienten dabei verschiedenen Zwecken. Als Reaktion auf Wirtschaftskrisen bündelten sie in Selbsthilfe die lokalen Akteure, um sich durch einen Ausgleich von unternehmerischen und städtischen Interessen der geänderten Situation anzupassen. Bei dieser Entwicklung gewann mit zunehmender Verfestigung bürokratischer staatlicher Institutionen die kommunale Initiative die Oberhand über das ehrenamtliche Engagement, was auch einen Bedeutungswandel für den Verkehrsverein an sich bedeutete. Der Verschönerungsverein konnte die Stadtverwaltung dank ihrer Willfährigkeit gegenüber den bürgerlichen Wünschen loben, während der Verkehrsverein für das Aachener Wirtschaftsgebiet e. V. de facto eine kommunale Gründung gewesen ist, die wenig Rückhalt in der Bevölkerung genossen hat. Der Beitritt anderer Vereine als städtischer Akteure ermöglichte eine Diskussionsbasis, die einen Ausgleich zwischen verschiedenen Interessen erlaubte, wie die Kontroverse um die Taxameter-Droschken erkennen lässt.

Die veränderten wirtschaftlichen Rahmenbedingungen gehen auch stets einher mit einem Wandel der Identität der Kurgäste, die vom Adel über das (Groß-) Bürgertum zu den Beamten bis hin zu den heutigen Touristen einer konstanten Ausweitung der gesellschaftlichen Gruppen unterliegen. Dabei ist festzuhalten, daß immer mehr Menschen im 19. und 20. Jahrhundert einen gesetzlichen Urlaubsanspruch realisieren konnten und somit als Kundengruppe in Frage kamen, während zeitgleich die Verweildauer am Kurort rapide sinkt bis hin zu den modernen Tagestouristen. Bei dieser Entwicklung geriet im Laufe der Zeit das Kur- und Badewesen immer mehr in den Hintergrund, so dass die Orientierung auf die Vermarktung der Historie gelegt wurde, was heute deutlich an der Etablierung der „Route Charlemagne" zu erkennen ist.

Zunächst begleiteten die Vereine die touristische Erschließung des Aachener Umlands und die Verbesserung des Straßenbildes. In diesem Zuge fand eine Egalisierung der Vergnügungen der unterschiedlichen Gesellschaftsschichten statt, wie z. B. durch die öffentlich zugänglichen Parkanlagen, deren Anlage und Nutzung ursprünglich eine adlige Freizeitbeschäftigung gewesen war.

Dies begleitete den Wandel Aachens zur Großstadt, der von jedem einzelnen Bürger die Annahme neuer Verhaltensweisen im täglichen Umgang erforderte, um der gestiegenen Komplexität des Alltags Rechnung zu tragen. Die Verdichtung des Verkehrsraums und die damit interdependenten Probleme erzeugten Handlungsbedarf vor allem beim Verschönerungsverein, der sich dabei aber nicht von seinen schichtspezifischen Vorstellungen lösen konnte.

Die Einführung neuer Transportmittel vergrößerte den Einzugsbereich der Kurgäste durch die Beschleunigung des Transports, sei es Eisenbahn, Omnibus, Automobil oder Dampfschiff, welches sogar den überseeischen wie den kolonialen Markt in der

Hochphase des Imperialismus erschließen ließ. Die Fremdenverkehrswerbung zeigte sich neuen Massenmedien gegenüber aufgeschlossen und konnte so immer besser eine Breitenwirkung erzielen, wenn auch die tatsächliche Wirkung sich nicht quantifizieren lässt.

Die Erfahrung der Beschleunigung als gesamtgesellschaftliches Phänomen in dem doch sehr dynamischen wilhelminischen Kaiserreich führte auch zu Adaptionsprozessen der Oberschicht. Die gefühlten Bedrohungen der Moderne erlangten in der Neurasthenie Krankheitsstatus und wurden zur Erschließung neuer Kundengruppen wie auch als Legitimierungsprozess benutzt. Die Dynamisierung der Gesellschaft erforderte bürgerliche Selbstvergewisserungsprozesse, die durch die gesellschaftliche Abgrenzung gegenüber den unteren Schichten sowie die soziale Aufstiegsorientierung bedingt waren. Sie äußerten sich in der Konzentration auf bürgerliche Tugenden, die quasi in Bronze gegossen wurden und sichtbar das Stadtbild formten sowie in einer Trutzhaltung, die sich einer Befestigung und Unterwerfung von Zeit (Normal-Uhr) und Raum (Pelzerturm) manifestierten, die in historisierender Verpackung die Zyklen des Industriezeitalters internalisierten.

Die in der historischen Genderforschung postulierte „Männlichkeitskrise" des Wilhelminischen Kaiserreichs zeigte sich in den „körperlich" angegriffenen Kurgästen, denen, wie auch der Stadtbevölkerung, in den gestifteten Denkmälern ein gesundes, urwüchsig bis primitives Vorbild (Der Wehrhafte Schmied) entgegengestellt wurde. Auf den geringen Frauenanteil innerhalb der Vereine konnte hier nicht eingegangen werden.

Im innerstädtischen Bereich betätigten sich die Vereine als Kulturförderer, die das lokale Vereinsleben aktiv mitgestalteten und gleichzeitig versuchten, im Rahmen des Kongreßmarketings die Tagungen und Jahresversammlungen dieser Vereine nach Aachen zu ziehen. Dabei war die Unterstützung dieser Vereine auch unter den Blickwinkel der Kurgastunterhaltung gestellt, sei es beim Schach oder beim Radrennen, die für ihre Zeit durchaus Massenveranstaltungen darstellten. Die Grenzen des Fremdenverkehrsmarketings liegen immer in der Begrenztheit der vorhandenen Geldmittel. Die Grenzen dieser Förderung waren bei allen Vereinen schnell erreicht, da der Geldmittelbedarf für Werbungszwecke regelmäßig die Kapazität der Vereine überstieg, so dass trotz eifriger Mitgliederwerbung fund-raising bei lokalen Unternehmen stattfinden musste, was ein eher begrenzter Markt war, da die am Fremdenverkehr interessierten Unternehmen bereits eine Mitgliedschaft im Verein besaßen. Die Aktivierungswünsche, die jeder Verein in Bezug auf die Stadtbevölkerung hegte, konnten wegen der relativen Größe der Stadt und der daraus resultierenden Funktionselite in Wirtschaft und Gesellschaft, die hochgesteckten Ziele nicht erreichen.

Um so kreativer war der Versuch, Feiertage und Werbemaßnahmen anderer Städte mit zu nutzen, um durch den Event-Charakter mehr Gäste nach Aachen zu locken, egal ob es sich um einen Kaiserbesuch, die Brüsseler Weltausstellung oder den Katholikentag handelte.

Für den Zeitraum, in dem sich die Wirkungskreise von Verschönerungsverein und Verkehrs-Verein überschneiden, zeigt sich auch an der Zusammenarbeit bei Verschönerungsprojekten die Begrenztheit dieser „Bäderelite", von der deshalb einige in beiden Vereinen als Mitglied wirkten. Zugleich deutet dies einen hohen Vernetzungsgrad dieser bürgerlichen Schicht an. Dafür sprechen auch die personelle Kontinuität und der begrenzte Personenkreis, der über Systemwechsel und Kriege hinweg die Gestaltungsmöglichkeiten auslotete, die ein Verein bieten konnte.

Allen Fremdenverkehrsvereinen ist jedoch gemein, dass sich ihr Wirken und ihre wirtschaftliche Bedeutung nur begrenzt an Kurgastzahlen und Übernachtungen ablesen lassen, da diese Zahlen saisonal schwanken und nicht zuletzt auch immer in Korrelation zur allgemeinen Wirtschaftslage stehen.

10 Literaturangaben

- Althammer, Beate: Herrschaft, Fürsorge, Protest. Eliten und Unterschichten in den Textilgewerbestädten Aachen und Barcelona 1830 - 1870. Hrsg. v. Dieter Dowe (=Veröffentlichung des Instituts für Sozialgeschichte, Braunschweig, Bonn), Bonn 2002, (Zugl. Diss. Trier 2000)
- Bajohr, Frank, „Unser Hotel ist judenfrei" – Bäder-Antisemitismus im 19. und 20. Jahrhundert, Frankfurt/M. 2003
- Baranowski, Shelley, Being Elsewhere.- Tourism, Commerical culture and Identity in modern Europe and Northern America, Ann Arbour, Michigan 2001
- Bausinger, Hermann (Hrsg.), Reisekultur – von der Pilgerfahrt zum modernen Tourismus, München 1991
- Brandt, Harm-Hinrich (Hrsg.), Zug der Zeit – Zeit der Züge, Deutsche Eisenbahn 1835-1985, Berlin 1985
- Brenner, Peter J. (Hrsg.), Reisekultur in Deutschland. Von der Weimarer Republik zum „Dritten Reich", Tübingen 1997
- Bruckner, Clemens, Wirtschaftsgeschichte im Regierungsbezirk Aachen-Köln 1967
- Bruns, Edmund, Das Schachspiel als Phänomen der Kulturgeschichte des 19. und 20. Jahrhunderts, Münster 2003
- Biernat, Ulla, „Ich bin nicht der erste Fremde hier" – Zur deutschsprachigen Reiseliteratur nach 1945, Band 1, Würzburg 2004
- Beissel, Ignaz, Die Thermen von Aachen und Aachen-Burtscheid in ihrer geschichtlichen und balneologischen Bedeutung, Aachen 1904
- Bernius, Volker, Der Aufstand des Ohrs – die neue Lust am Hören, Göttingen 2006
- Bunge, Bastian, Binnenmarketing – Ein Instrument der Kurortpolitik, grin-Verlag 2007

- Bock, Benedikt, Baedeker & Cook: Tourismus am Mittelrhein 1756 bis ca. 1914 (=Bd. 26 der Mainzer Studien zur neueren Geschichte) Diss. Mainz 2010
- Bourdieu, Pierre, Die feinen Unterschiede. Kritik der gesellschaftlichen Urteilskraft, Frankfurt/M. 1982
- Cepl-Kaufmann, Getrude (Hrsg.), Jahrtausendfeiern und Befreiungsfeiern im Rheinland – Zur politischen Festkultur 1925 und 1930, Düsseldorf 2009 (= Düsseldorfer Schriften zur neueren Landesgeschichte und zur Geschichte Nordrhein-Westfalens, Bd. 71)
- Crous, Helmut A., Aus Aachens Vergangenheit, Raritäten der Sammlung Crous, Aachen 1993
- Dann, Otto, Vereinswesen und bürgerliche Gesellschaft in Deutschland, München 1984
- Daniels, Uwe, Die Bedeutung der UNESCO-Welterbestätten für den Tourismus in NRW, dargestellt an den Beispielen von Bad Aachen und Essen, 2004 Magisterarbeit, grin-Verlag 2007
- Diesch, Gerhard, Kurort-und Städtemarketing. – Das Beispiel Aachen, (=Heilbronner Hochschulschriften, Reihe Fremdenverkehr Bd. 3), München 1982
- Dux, Holger A., Aachen – So wie es war, Düsseldorf 2011
- Eßer, Raingard; Fuchs, Thomas, Bäder und Kuren in der Aufklärung: Medizinaldiskurs und Freizeitvergnügen, Berlin 2003
- Enzensberger, Hans Magnus, Vergebliche Brandung der Ferne. Eine Theorie des Tourismus, in: Merkur, 12. Jg., 1958, S. 701-720
- Eschweiler, Otto, Indetzki, Hans-Dieter, Monographien deutscher Wirtschaftsgebiete: Wirtschaftsregion Aachen, 2. Auflage 1976
- Fehl, Gerhard (Hrsg.), Wasser und Dampf – Zeitzeugen der frühen Industrialisierung im Belgisch-Deutschen Grenzraum, Aachen 1991

- Frese, Matthias, Naherholung und Ferntourismus. Tourismus und Tourismusförderung in Westfalen 1900-1970, S. 339-386, in: Wilfried Reininghaus / Karl Teppe (Hrsg.): Verkehr und Region im 19. und 20. Jahrhundert, Paderborn 1999, (=Forschungen zur Regionalgeschichte Bd. 29)
- Fuhs, Burkhard: Mondäne Orte einer vornehmen Gesellschaft. Kultur und Geschichte der Kurstädte 1700 - 1900 (Historische Texte und Studien, Bd. 13), Hildesheim, Zürich, New York 1992
- Gielen, Victor, Zwischen Aachener Wald und Münsterwald – historische Plaudereien, Eupen 1975
- Grein, Peter, 165 Jahre Bahnhof Aachen HBF. Aachens „Rheinischer Bahnhof" im Wandel der Zeiten, Aachen 2006
- Hachtmann, Rüdiger, Tourismusgeschichte, Göttingen 2007
- Holthöfer, Robert, Die Stadt-Aachener Zeitung 1815 - 1848 – Ein Beitrag zur rheinischen Presse und Parteigeschichte, Diss. Bonn 1920
- Hermanns, Wilhelm, Karl der Große – Ein Balladenkranz zu lebenden Bildern – Feier der elfhundertjährigen Wiederkehr von Karls Todestag im großen Saale des Kurhauses, Aachen 1914
- Hermanns, Will, 400 Jahre Aachen. Schicksal - Verfassung - Wirtschaft - Kultur der vormals freien Reichs- und Krönungsstadt. Ein Heimatbuch mit vielen Bildern, Aachen 1939
- Hermanns, Will, Erzstuhl des Reiches – Lebensgeschichte der Kur-und Kronstadt Aachen, Ratingen 1951
- Hofmann, Wilhelm: Die städtebauliche Entwicklung der Badebezirke in Aachen und Burtscheid, in: Aachener Beiträge für Baugeschichte und Heimatkunst, Bd. 3, 1953, S. 180–248
- Huyskens, Albert, Deutschlands Städtebau: Aachen, Berlin-Halensee 1925.

- Huyskens, Albert, Aachen – Ein zeitgemäßer illustrierter Führer für Kultur und Verkehr, ca. 1932
- Huyskens, Albert; Poll, Bernhard, Das alte Aachen, seine Zerstörung und sein Wiederaufbau, Aachen 1953
- Haude, Rüdiger, Grenzflüge, Politische Symbolik der Luftfahrt vor dem ersten Weltkriege – das Beispiel Aachen, Köln, Weimar, Wien 2007
- Haselmann, Alfred, Die Aachener Kleinbahnen, Jena 1909
- Ihle, Josef Von der Pferde-Droschke zur Auto-Taxi. 100 Jahre Geschichte des Droschken-Gewerbes, München 1958
- Jellinghaus, Lorenz, Zwischen Daseinsvorsorge und Infrastruktur: zum Funktionswandel von Verwaltungswissenschaften und Verwaltungsrecht in der zweiten Hälfte des 19. Jahrhunderts, Frankfurt/M. 2006
- Kaemmerer, Walter, Geschichtliches Aachen – Vom Werden und Wesen einer Reichsstadt, 4. Auflage, Aachen 1973
- Kaschuba, Wolfgang, Überwindung der Distanz. Zeit und Raum in der europäischen Moderne, Frankfurt/M. 2004
- Katsaitis-Schmitz, Jutta et. al., Sammlung Crous (Hrsg.): Nachgeschaut Aachen 1942 und 2007, Aachen 2007
- Katsaitis-Schmitz, Jutta et. al., Sammlung Crous (Hrsg.), Helmut A. Crous (1913-1993) im Spiegel der Zeitgeschichte, zum 100. Geburtstag von Helmut A. Crous, Aachen 2013
- Keitz, Christine, Reisen als Leitbild. Die Entstehung des modernen Massentourismus in Deutschland, München 1997
- Keitz, Christine, Zwischen Kultur und Gegenkultur – Baedeker und die ersten Arbeitertouristen in der Weimarer Republik, in: Hasso Spode (Hrsg.) Zur Sonne zur Freiheit. Beiträge zur Tourismusgeschichte, Berlin 1991, S. 47-60

- Keitz, Christine, Die Anfänge des modernen Massentourismus in der Weimarer Republik, Archiv für Sozialgeschichte 33, (1993), S. 179-209
- Kisa, Anton Carel (Hrsg.), Beckmann-Führer: Aachen nebst Schwesterstadt Burtscheid und Umgebung mit fünffarbigem Stadtplan und 7 Kunstbeilagen, Stuttgart 1906
- Klenke, Dietmar: Das automobile Zeitalter. Die umwelthistorische Problematik des Individualverkehrs im deutsch-amerikanischen Vergleich, in: Günter Bayerl (Hrsg.): Umweltgeschichte – Methoden, Themen, Potentiale, Münster 1996, S. 267-281
- Kloepfer, Michael et. al., Leben mit Lärm?: Risikobeurteilung und Regulation des Umgebungslärms im Verkehrsbereich, Berlin, Heidelberg, New York 2006, (=Wissenschaftsethik und Technikfolgenbeurteilung, Bd. 28, hrsg. v. M. Kloepfer) Mobilität für Alle: Geschichte des öffentlichen Personennahverkehrs in der Stadt zwischen technischen Fortschritt und sozialer Pflicht: Beiträge der Tagung "Öffentlicher Nahverkehr" in München, Dezember 1994, Hans-Ludger Dienel, Barbara Schmucki, 1997
- Kraus, Thomas R., Auf dem Weg in die Moderne, Aachen in französischer Zeit 1792/94-1814, Aachen 1994
- Krumeich, Gerd; Schröder, Joachim (Hrsg.), Der Schatten des Weltkriegs: Die Ruhrbesetzung 1923, Essen 2004, (=Düsseldorfer Schriften zur Neueren Landesgeschichte und zur Geschichte Nordrhein-Westfalens, 69)
- Lorenz, Dieter, Das Kaiserpanorama. Ein Unternehmen des August Fuhrmann, München 2010
- Lambertz, Josef, Aachener Leben im Spiegel des „Echo der Gegenwart" – Katalog oder Register, Aachen 2003
- Laurent, Joseph, Die städtebauliche Entwicklung der Bade- und Industriestadt Aachen 1815-1915, Aachen 1920

- Lersch, Bernhard Maximilian, Neuester Führer von Aachen und Umgebung, Aachen 1900
- Levsen, Sonja, Elite, Männlichkeit und Krieg. Tübinger und Cambridger Studenten, 1900-1929, Göttingen 2006
- Maase, Kaspar, Grenzenloses Vergnügen. Der Aufstieg der Massenkultur 1850 bis 1970, Frankfurt/M. 1997
- Marcuse, Julian, Bäder und Badewesen in Vergangenheit und Gegenwart – Eine kulturhistorische Studie, Stuttgart 1903
- Maschke, Joachim; Stockburger, Dieter, „Untersuchung über Situation und Entwicklungsmöglichkeiten des Kurverkehrs in Bad Aachen", Mai 1977 (Deutsches Wirtschaftswissenschaftliches Institut für Fremdenverkehr an der Universität München)
- Metzger, Philippe, „Die Aufklärung geht Baden." – Zur gesellschaftlichen Bedeutung deutscher Badeorte während der Aufklärung – am Beispiel des Badeortes Aachen 2006
- Maugé, M., Gutachten zur Neuorganisation des Verkehrs-Vereins Bad Aachen e. V., September 1980
- Mänhardt, Hans, Aachen, Bilder und Berichte Kultur, Wirtschaft, Leben. 1971, Bd. 33
- Mendonça, Juliano de Assis, Geschichte für Aktiengesellschaft für Kur- und Badebetrieb der Stadt Aachen 1914-1933, Aachen 2012 (=Aachener Studien zur Wirtschafts-und Sozialgeschichte, hrsg. v. Paul Thomes und Christoph Rass, Bd. 9)
- Merki, Christoph Maria, Verkehrsgeschichte und Mobilität, Stuttgart 2008
- Meyer, Lutz-Henning, 150 Jahre Eisenbahnen im Rheinland – Entwicklung und Bauten am Beispiel der Aachener Bahn, Köln 1989

- Müller, Karl, Studien zum Übergang von Ancien Régime zur Revolution im Rheinland: Bürgerkämpfe und Patriotenbewegung in Aachen und Köln, Bonn 1982
- Möser, Kurt, Geschichte des Automobils, Frankfurt/M. 2002
- Moraal, Christine, Musik in Aachen, eine Musikgeschichte der Kaiserstadt, Aachen 2008
- Müller, J., Verein zur Belebung der Badesaison- Aachen und seine Umgebungen- Führer für Fremde, Aachen 1854
- Nohl, Günther, 1892-1972. Deutscher Bäderverband (DBV) (Ämter und Organisationen der Bundesrepublik Deutschland, Bd. 42), Bonn 1972
- Nußbaum, H. Chr., Geräuschschutz für das Wohnhaus, in: Haustechnische Rundschau 17 (1912/13)
- Nowack, Thilo, Rhein, Romantik, Reisen. – Der Ausflugs- und Erholungsreiseverkehr im Mittelrheintal im Kontext gesellschaftlichen Wandels (1890 bis 1970), Diss. Bonn 2006
- Oellers, A. C. et. al., Die Femme fatale im Tempo der Großstadt – Der Meister-Designer Jupp Wiertz 1888 – 1939, Aachen 2004
- Padover, Saul K., Lügendetektor. Vernehmungen im besiegten Deutschland 1944/45, Frankfurt/M. 1999
- Pagenstecher, Cord, Der bundesdeutsche Tourismus. – Ansätze zu einer Visual History – Urlaubsprospekte, Reiseführer, Fotoalben 1950–1990, Hamburg 2003
- Prahl, Hans-Werner, Soziologie der Freizeit, Wiesbaden 2010
- Prein, Philipp, Bürgerliches Reisen im 19. Jahrhundert, Freizeit, Kommunikatiohn und soziale Grenzen, Berlin 2003 (=Kulturgeschichtliche Perspektiven, Hrsg. v. Eckhart Hellmiuth, Martin Baumeister, Bd. 3)

- Quix, Christian, Historisch topographische Beschreibung der Stadt Aachen und ihrer Umgebungen, Aachen 1829
- Reuter, Karl, Die Notlage der Kurorte im besetzten Gebiete, Ems 1921
- Reumont, Gerard, Aachen und seine Heilquellen, Ein Taschenbuch für Badegäste, Aachen 1828
- Römling, Michael, Aachen – Geschichte einer Stadt, Aachen 1997
- Schöck-Quinteros, Eva, Blumentage im Deutschen Reich. Zwischen bürgerlicher Wohltätigkeit und Klassenkampf. In: Ariadne. Forum für Frauen- und Geschlechtergeschichte, H. 39, 2001, S. 44–64.
- Sobania, Michael, Das Aachener Bürgertum am Vorabend der Industrialisierung, in: Lothar Gall (Hrsg.): Vom alten zum Neuen Bürgertum. Die mitteleuropäische Stadt im Umbruch 1780–1820 (= Historische Zeitschrift. Beiheft NF 14), Oldenbourg, München 1991
- Steinecke, Abrecht, Kulturtourismus: Marktstrukturen, Fallstudien, Perspektiven, 2007
- Spode, Hasso, Wie die Deutschen „Reiseweltmeister" wurden. – Eine Einführung in die Tourismusgeschichte, Erfurt 2003
- Steinhauser, Monika, Das europäische Modebad des 19. Jahrhunderts. Baden-Baden, eine Residenz des Glücks, in: Ludwig Grote (Hrsg.): Die deutsche Stadt im 19. Jahrhundert. Stadtplanung und Baugestaltung im industriellen Zeitalter, München 1974, S. 95-128 (Studien zur Kunst des neunzehnten Jahrhunderts 24)
- Schopenhauer, Artur, Parerga und Paralipomena, Ueber Lerm und Geräusch, Berlin 1851
- Simon, Petra; Behrens, Magrit, Badekur und Kurbad. Bauten in deutschen Bädern 1780 – 1920, München 1988

- Spode, Hasso, Goldstrand und Teutonengrill. Kultur- und Sozialgeschichte des Tourismus in Deutschland 1945-1989, Berlin 1996
- Tenfelde, Klaus, Die Entfaltung des Vereinswesens während der industriellen Revolution in Deutschland (1850-1873), in: Otto Dann (Hrsg.): Vereinswesen und bürgerliche Gesellschaft in Deutschland (Historische Zeitschrift, Beihefte, N.F. 9), München 1984, S. 55-114
- Uebler, Georg; Leonhard Emil, Die Fremdenverkehrsorganisationen in Deutschland, München 1933
- Uekötter, Frank in „Geschichte in Wissenschaft und Unterricht", Bd. 54/2003
- Verhey, Jeffrey, Der „Geist von 1914" und die Erfindung der Volksgemeinschaft, Hamburg 2000
- Vogel, Klaus; Wingender, Christoph, „… deren Besuch sich daher unter allen Umständen lohnt". Die I. Internationale Hygiene-Ausstellung 1911, in: Dresdner Hefte, Nr. 63, Große Ausstellungen um 1900 und in den zwanziger Jahren. Dresden 2000, S. 44–52
- Walter, Rolf (Hrsg.), Geschichte des Konsums: Erträge der 20. Arbeitstagung der Gesellschaft für Sozial- und Wirtschaftsgeschichte, 23. - 26. April 2003 in Greifswald 2004 (= Vierteljahresschrift für Sozial- und Wirtschaftsgeschichte Bd. 175)
- Warneken, Bernd Jürgen, „Die friedliche Gewalt des Volkswillen" – Muster und Deutungsmuster von Demonstrationen im deutschen Kaiserreich, in: Bernd Jürgen Warneken, Massenmedium Straße – Zur Kulturgeschichte der Demonstration, Frankfurt/M. 1991
- Weber, Wolfgang, Johann Jakob Weber – Der Begründer der illustrierten Presse in Deutschland, Lehmstedt, Leipzig 2003

- Wagner, Herbert, Der Bonner Verschönerungsverein, seine Gründung und Tätigkeit unter Franz Hermann Troschel in den Berichten der Presse 1859-1884, in: Bonner Geschichtsblätter 28 (1976), S. 139-166
- Weßberge, Wilhelm, Die wichtigsten Baumarten unserer städtischen Gartenanlagen. Aachen 1908
- Wessberge, Wilhelm, Die öffentlichen Anlagen und der Aachener Wald, Berlin 1928
- Ziegler, Anke, Deutsche Kurstädte im Wandel. Von den Anfängen bis zum Idealtypus im 19. Jahrhundert, Lang, Frankfurt am Main u. a. 2004 (Europäische Hochschulschriften. Reihe 37: Architektur 26), (zugleich: Kaiserslautern, Univ., Diss., 2003)
- Brockhaus' Kleines Konversations-Lexikon, fünfte Auflage, Band 2, Leipzig 1911

11 Quellen

11.1 Stadtarchiv Aachen

- Stadtarchiv StAA
- Verwaltungsberichte der Stadt Aachen zsgest. im Statistischen und Meldeamt der Stadt Aachen, Aachen
- Aachen, seine geologischen Verhältnisse und Thermalquellen.- Bauwerke, Beschichte und Industrie. Festschrift des Vereins Deutscher Ingenieure, XVI. Hauptversammlung des VDI, Aachen 1875
- Festschrift zur Einweihung der neuen Kuranlagen des Bades Aachen, des Palasthotels mit Bade- und Kurmittelhaus, des Kurhauses und des Kurparks 1916", Aktiengesellschaft für Kur- und Badebetrieb der Stadt Aachen
- Festschrift zur XXXVI. Hauptversammlung des Vereins deutscher Ingenieure, Aachen 1895, gewidmet dem Aachener Bezirksverein deutscher Ingenieure
- „Polizeiverordnung für das öffentliche Personenfuhrwesen in Aachen" vom September 1907

- Sammlung Crous gGmbH des Aachener Karnevalsvereins
- AZ/AN 30. April 1999; 50 Jahre Verkehrs-Verein Bad Aachen -eine lange Geschichte

Wir danken ausdrücklich der Sammlung Crous gGmbH des Aachener Karnevalsvereins für die Scans der historischen Postkarten aus der Sammlung Wintgens ebenso wie den hilfreichen Mitarbeitern des Stadtarchivs Aachen.

11.2 Stadtbibliothek Aachen

- Echo der Gegenwart
- Aachener Post
- Stadt-Aachener Zeitung
- Aachener Allgemeine Zeitung
- Politisches Tageblatt
- Der Volksfreund
- Aachener Zeitung/Aachener Nachrichten
- Aachener Volkszeitung
- Spiegel, 46/51, „Ein Herr - aber mit Saft."

12 Abbildungen

Abbildung 1: Aachen, Garten des Elisenbrunnens 1850, Sammlung Crous

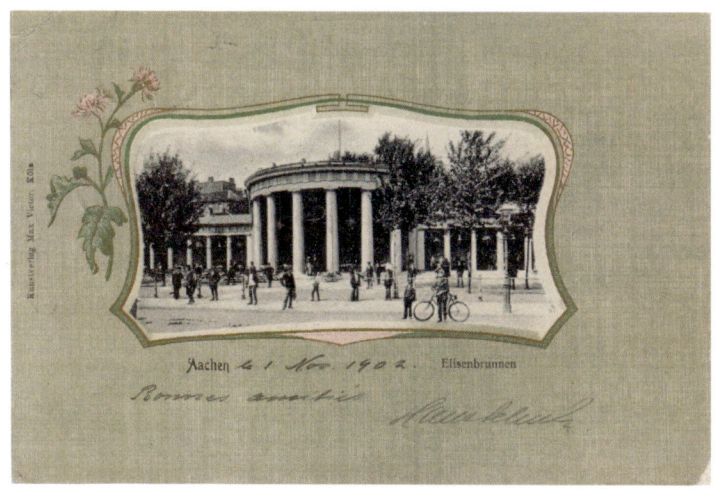

Abbildung 2: Elisenbrunnen 1902, Sammlung Crous

Abbildung 3: Elisenbrunnen nach der Jahrhundertwende, Sammlung Crous

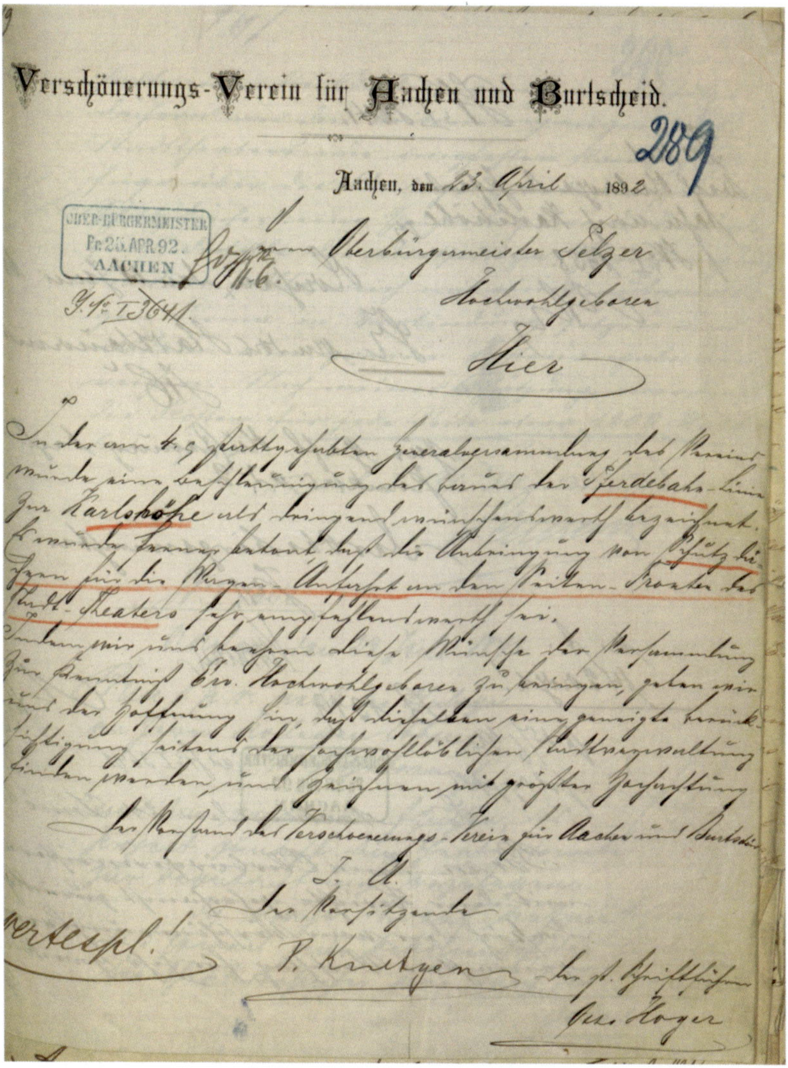

Verschönerungs-Verein für Aachen und Burtscheid.

289

Aachen, den 23. April 1892

OBER-BÜRGERMEISTER Pr. 25. APR. 92. AACHEN

Herrn Oberbürgermeister Pelzer
Hochwohlgeboren
Hier

In der am 4. d. stattgehabten Generalversammlung des Vereins wurde eine Verlängerung des Baues der Pferdebahn-Linie zur Karlshöhe als dringend wünschenswerth bezeichnet. Es wurde ferner betont, daß die Anbringung von Schutzdächern für die Wagen-Anfahrt an den Seiten-Fronten des Stadt-Theaters sehr empfehlenswerth sei.
Indem wir uns beehren diese Wünsche der Versammlung zur Kenntniß Ew. Hochwohlgeboren zu bringen, geben wir uns der Hoffnung hin, daß dieselben eine geneigte Berücksichtigung seitens der hochwohllöblichen Stadtverwaltung finden werden, und zeichnen mit größter Hochachtung

Der Vorstand des Verschönerungs-Verein für Aachen und Burtscheid
I. A.
Der Vorsitzende
P. Kreitgen
Der st. Schriftführer
Geo. Hoger

Abbildung 4: Anschreiben des Verschönerungsvereins 23. April 1892, Stadtarchiv Aachen OB 76-1-XII S. 289

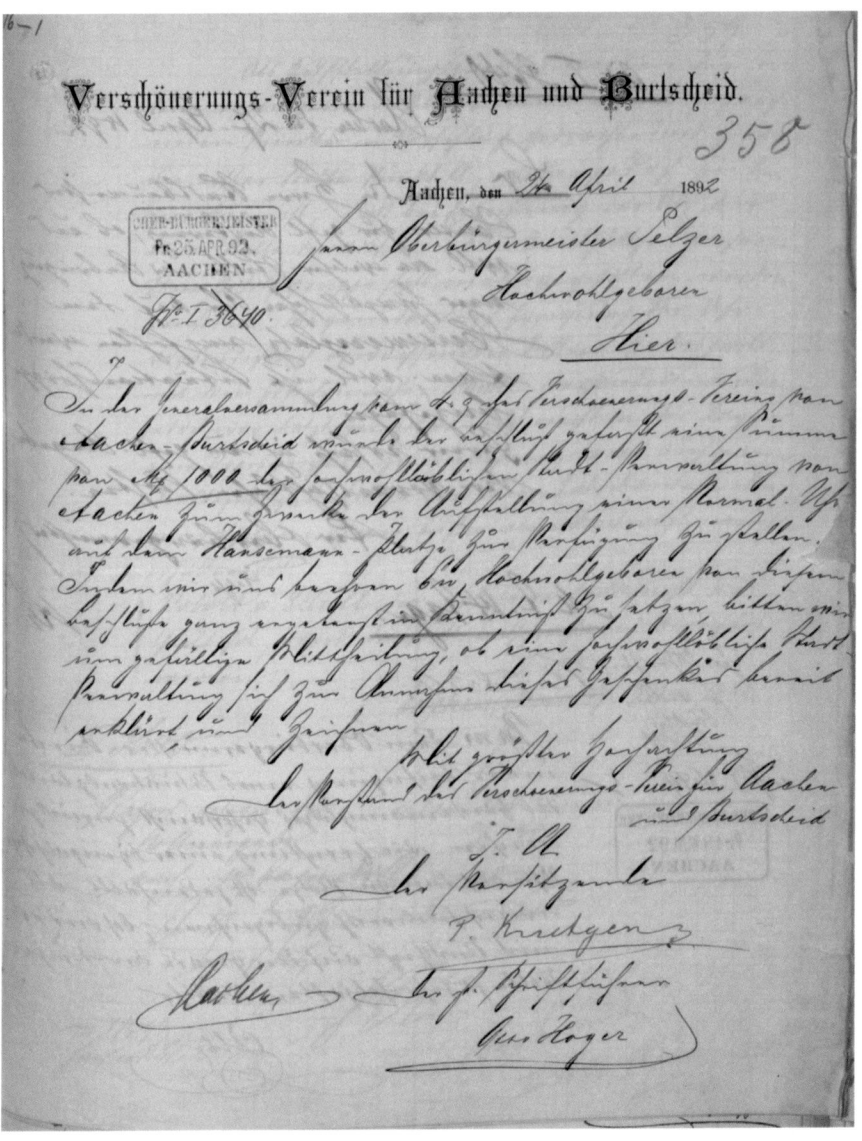

Abbildung 5: Anschreiben des Verschönerungsvereins für Aachen und Burtscheid (nach der Eingemeindung Burtscheids), Stadtarchiv Aachen OB 76-1-XII S. 358

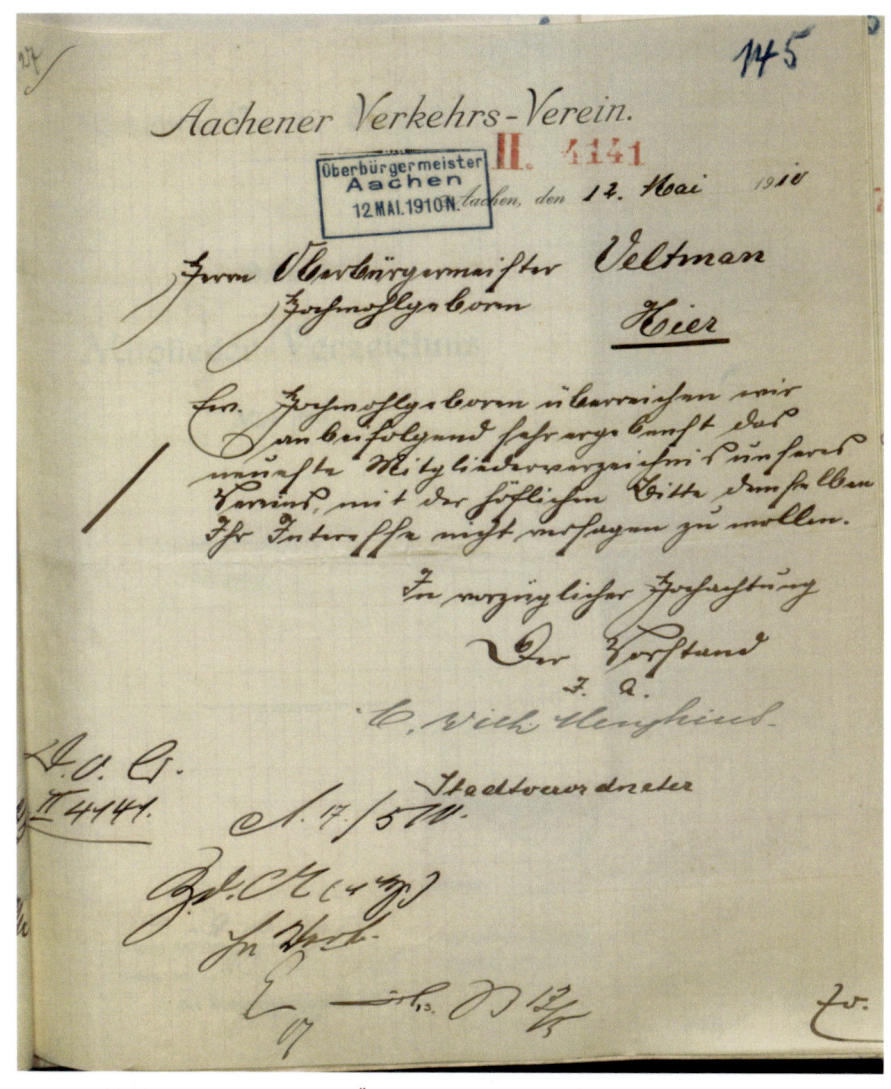

Abbildung 6: Anschreiben zur Übersendung des Mitgliederverzeichnisses von 1910, Stadtarchiv Aachen OB70-27-II S. 145

Abbildung 7: Postkarte: Wetterhäuschen am Elisenbrunnen, Hartmann, Stadtarchiv Aachen

Abbildung 8: Wetterhäuschen, im Hintergrund der Elisenbrunnen, Sammlung Crous

Abbildung 9: Der Aachener Hauptbahnhof nach der Gemeinschaftsaktion von Verschönerungsverein und Verkehrsverein, Sammlung Crous

Abbildung 10: Bahnhofsplatz mit Hochhaus Grenzwacht, Kiosk und Unions-Hotel, Sammlung Crous

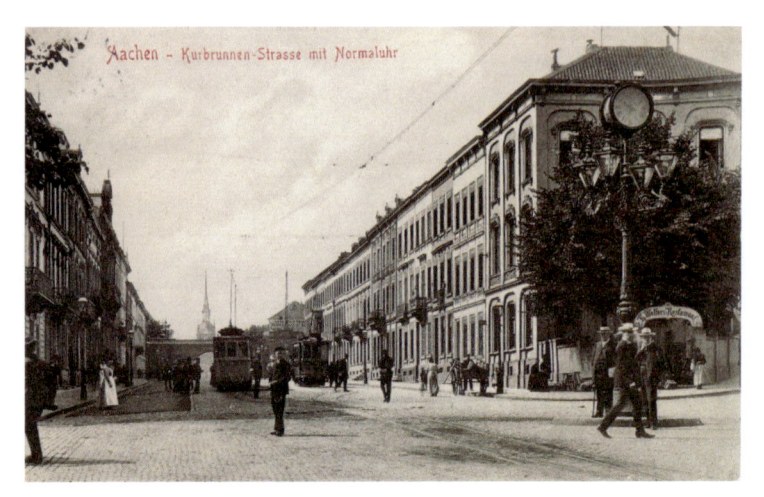

Abbildung 11: Aachen Kurbrunnenstrasse mit Normaluhr, Sammlung Crous

Abbildung 12: Der Wehrhafte Schmied an seinem ursprünglichen Standort, Sammlung Crous

Abbildung 13: Holzgraben, Normaluhr im Straßenbild, Sammlung Crous

Abbildung 14: Aachen Wilhelmstrasse, Normaluhr, Sammlung Crous

Abbildung 15: Friedrich-Wilhelm-Platz, zur linken Seite der Elisenbrunnen, zweispännige Taxameter(?)-droschke im Vordergrund, Sammlung Crous

Abbildung 16: Postkarte des Verbandes Deutscher-Brieftauben-Liebhaber-Vereine 1907, Sammlung Crous, einer der Nutznießer der Förderungsmaßnahmen des Verkehrs-Vereins

Abbildung 17: Postkarte zu Aachener Sonderausstellung für Christliche Kunst, Sammlung Crous

*Abbildung 18: Aachener Sonderausstellung für christliche Kunst,
Veranstaltungsort Zoo mit dargestellt, Sammlung Crous*

Abbildung 19: Postkarte Blumentag 1911, Alfons Letailleur (*1876 in Aachen-+München 1954), Lehrer an der Kunstgewerbeschule Aachen, verwendete die Aachener Markfrau „Tant Hazzor" als Motiv. Sammlung Crous

*Abbildung 20: Kur- und Fremdenblatt Bad Aachen/Aachen-Burtscheid,
das Vorläuferblatt zur Kurzeitung in den 1930er Jahren, Sammlung Crous*

Abbildung 21: Titelseite der Kurzeitung 1931, gestaltet von Ludwig Hohlbein, Staac CZ 100

Abbildung 22: Der Aussichtsturm im Aachener Wald, auch Pelzerturm genannt, 1944 zerstört, Sammlung Crous

Niederschrift

über die Gründungsversammlung des "Verkehrsvereins Bad Aachen e.V."
am 1.Februar 1949.

Auf Einladung des Herrn Oberbürgermeisters und des Herrn Oberstadtdirektors der Stadt Aachen versammelten sich am 1.Februar 1949 im Sitzungssaale des Hochhauses die anliegend in der Anwesenheitsliste eingetragenen Personen und Vertreter von verschiedenen Organisationen, Verbänden und Behörden.

Nach einleitenden Begrüssungsworten des Herrn Oberbürgermeisters in denen kurz Sinn und Zweck des zu gründenden Verkehrsvereins umrissen wurden, und kurzen Ausführungen der Herren Dr. Goossens und Dr. Hunscheidt wurde einstimmig die Gründung eines "Verkehrsvereins Bad Aachen, e.V. beschlossen.

Die der Versammlung durch den Oberstadtdirektor im Entwurf vorgelegte Vereinssatzung wurde eingehend besprochen und mit geringfügigen Änderungen in der als Anlage beigefügten Fassung einstimmig angenommen und von den anwesenden Mitgliedern unterschrieben.

Bei der nachfolgenden Wahl des Vorstandes wurden als Vorstand gewählt die Herren

1. Rechtsanwalt Dr. Kurt Sonanini als Vorsitzender,
2. Fabrikant Josef Hirtz als stellvertretender Vorsitzender,
3. Berkemeyer als Schatzmeister,
4. Notar Schönheit als Beisitzer,
5. Stadtvertreter Moll als Beisitzer,
6. Dr. Hunscheidt als Beisitzer,
7. Dr. Völz als Beisitzer,
8. Dr. Pfeiffer als Beisitzer,
9. Dr. Sandmann als Beisitzer.

Zu Beiratsmitgliedern wurden gewählt:

1. Stadtrat Dr. Mies als Vertreter der Stadtverwaltung,
2. Direktor Lohmann als Vertreter der Kur- und Bade-G.m.b.H.
3. ein noch zu benennender Vertreter der Reichsbahn,
4. Oberpostrat Schäfer als Vertreter der Post,
5. Generaldirektor Cremer-Chapé als Vertreter der Aachener Strassenbahn,
6. Präsident Heusch als Vertreter der Industrie- und Handelskammer,
7. ein noch zu benennender Vertreter des Einzelhandels,
8. ein noch zu benennender Vertreter der Presse,
9. ein noch zu benennender Vertreter der Handwerkskammer,
10. ein noch zu benennender Vertreter des privaten Verkehrsgewerbes,
11. Herr Körner als Vertreter des Gaststättengewerbes,
12. Herr Siemons als Vertreter des Sports,
13. Herr Professor Dr. Krauss als Vertreter der Techn.Hochschule Aachen,
14. Herr Dr. Goossens,
15. Dr. Peter Schröder, Dezernent bei der Industrie- und Handelskammer.

Als

Abbildung 23: Gründungsurkunde des Verkehrsvereins Bad Aachen e. V.

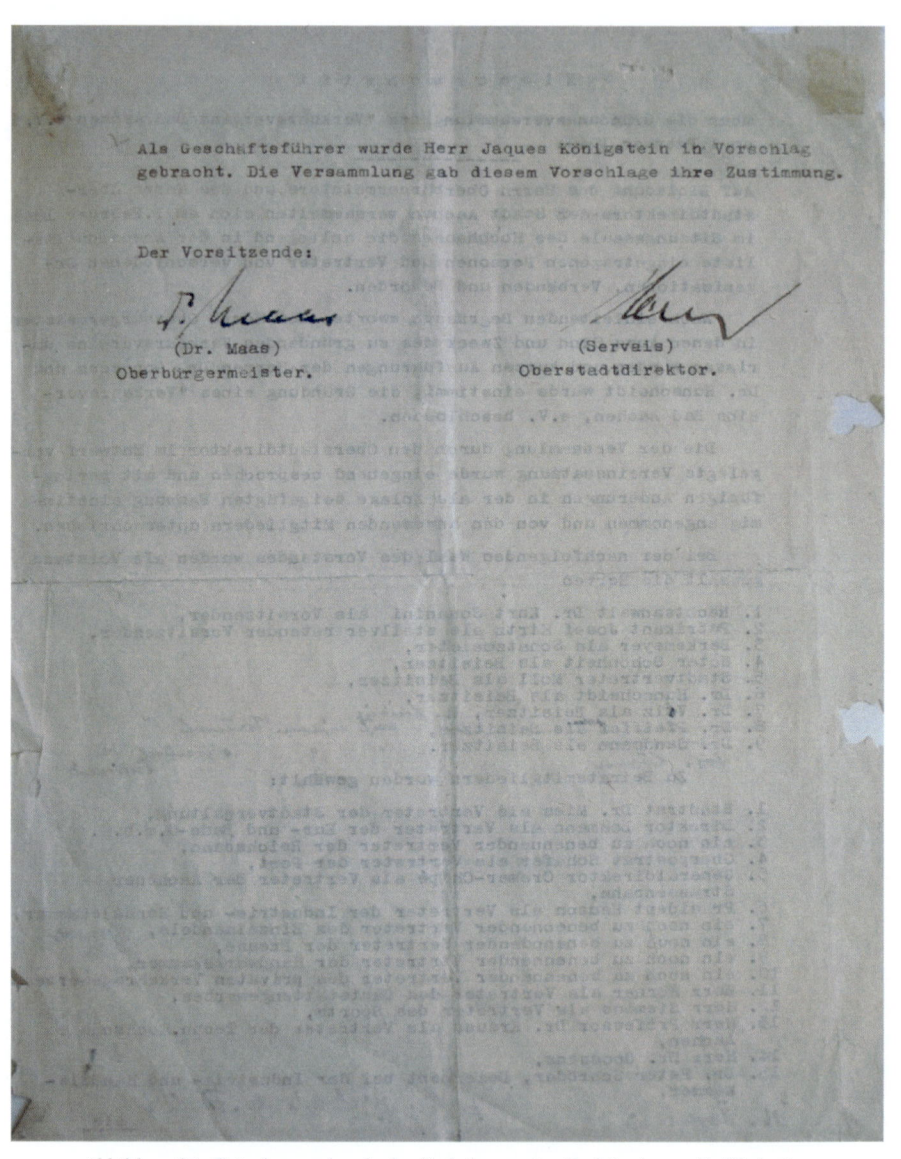

Als Geschäftsführer wurde Herr Jaques Königstein in Vorschlag gebracht. Die Versammlung gab diesem Vorschlage ihre Zustimmung.

Der Vorsitzende:

(Dr. Maas) (Servais)
Oberbürgermeister. Oberstadtdirektor.

Abbildung 24: Gründungsurkunde des Verkehrsvereins Bad Aachen e. V., Rückseite.

13 Mitgliederverzeichnis des Verkehrs-Vereins Bad Aachen 1910

13.1 Vorstandsmitglieder

Name	Beruf	Adresse
Ehrenmitglied Veltman, Philip	Oberbürgermeister der Stadt Aachen	
Ehrenmitglied Hoyer, Otto		Cöln a. Rhein
Menghius, Wilhelm	Stadtverordneter, Vorsitzender	Monheimsallee 29
Fritz	Dr. Oberlehrer, stellv. Vors.	Sebastianstr. 23
Cossmann, Joh.	Möbelfabrikant	Adalbertstr.33/35
Zoppa, Jos.	Vorsteher des städtischen Verkehrsbüros, Schriftführer	Vaalserstrasse 100
Bohle, Carl.	Kgl. Eisenbahndirektor	Burtsscheider Strasse 22
Braun	Dr., Landgerichtsrat	Casinostr. 65
Delius, Carl	Geheimer Kommerzienrat	Boxgraben 17
Frentzen, Georg	Prof.	Haus Waldheim
Hey´l	Kurdirektor	
Intra, Alexander	Hotelier	Comphausbadstrasse 21
Klinkenberg	Dr. med.	Alexianergraben 19
Mendelsohn	Dr., Direktor des Städtischen Statistischen Amtes	Schillerstrasse 63
Nagel, Emil	Hotelier	Hochstrasse 2/4
Pinagel, Bruno	Generalagent	Kurbrunnenstrasse 3
Poeschel, Carl	Kgl. Lotterieeinnehmer	Harscampstrasse 50
Rothschuh	Dr. med.	Comphausbadstrasse 21
Schuster	Dr. med.	Aureliusstrasse 10
Schwiening, G.	Buchh.	Büchel 43
Sinn, Wilhelm	Kaufmann	Augustastrasse 26
Thissen, Anton	Stadtverordneter	Kupferstrasse 11
Thissen	Dr. med.	Dahmengraben 18

13.2 Institutionelle Mitglieder

Aachener Baugewerkenverein, Aachener Buchhändlerverein, Aachener Droschkenbesitzerverein, Aachener Thermalwasser Kaiserbrunnen A.G., Aachener Wirteverein, Alemannia-Fussballclub, Artillerieverein, Bergisch Märkische Bank, Concordia-Männergesangsverein, Conditor-Innung, Gas-Erleuchtungsanstalt, Harmonia-Männergesangsverein, Hilaria-Männergesangsverein, Kameradschaftliche Vereinigung, Restaurant Aussichtsturm, Ochsenmetzger-Zwangsinnung, Orphea-Männergesangsverein, Verband Aachener Turnvereine

13.3 Mitglieder

Name	Vorname	Beruf	Adresse
Adolphi	Heinrich	Hofrat	Theaterstrasse
Alsberg	Geschwister	Konfektionsgeschäft	
Appelrath	Carl	Kaufmann	Krämerstrasse 26
Bakonyi	J.	Fuhrunternehmer	Augustastrasse 25
Baumgarten jr.	D.	Bankier	Büchel 36a
Baur	P. E. Söhne	Weinhandlung	Rennbahn 13
Bast	A.	Hotelier	Dammstrasse 8
Beissel	Jul. P.	Kaufmann	Dahmengraben 22
Beissel	Louis	Geh. Kommerzienrat, Nadelfabrikant	Karlsgraben 12
Bennent	Jos.		Edelstrasse 2
Benoit	Peter	Bauunternehmer	Lütticherstrasse 82
Benrath	Dr., Prof.		Wallstrasse 18
Berger	Max	Buchhändler	Büchel 43
Berlo	L., van	Kaufmann	Hochstrasse 7
Bertram-Ackens		Kaufmann	Kapuzinergraben 11
Bischoff	Adolf	Gutsbesitzer auf Haus Linde	Theaterstr. 21
Blaise	Clemens	Spediteur	Borngasse 30

Name	Vorname	Beruf	Adresse
Blaise	Wilhelm	Spediteur	Edelstrasse 10
Blech	Ad.	Kaufmann	Hochstrasse 7
Blumenthal	G.	Oberleutnant z. D.	Kaiserallee 16
Bock	Dr.jur. Ad.	Rentner	Theaterplatz 2
Boden	Wilhelm		Casinostrasse 43
Bohle	Carl	Kgl. Eisenbahndirektor	Burtsscheiderstrasse 22
Bolken		Dr. med.	Alexianergraben 21
Both	Gustav	Theaterdirektor	Franzstrasse 45/47
Brand	Wwe. E.	Tuchgeschäft	Markt 27
Brauer	Emil	Schirmfabrikant	Adalbertstrasse 44/2
Braun	Dr.	Landgerichtsrat	Casinostrasse 65
Brockhoff	Rich.	Rentner	Nizzaallee
Bruls	Alb.	Kgl- belgischer Konsul	Heinrichsallee 64
Buchholz	Jos.	Baumaterialienhandlung	Franzstrasse 83
Bücken	Carl	Bankier	Büchel 38
Bücken	Gebr.	Kaufmann	Heinrichsallee 40
Bücken	M.	Apotheker	Pontstrasse 89
Bücken	Wilhelm	Kaufmann	Pontstrasse 36
Bülles	Ch.	Metallgiesserei	Promenadenstr. 11
Capellmann	Rich.	Ingenieur	Aureliusstrasse 45
Carolus-Magnus-Drogerie			Friedrich-Wilhelm-platz 2
Charlier	Ernst	Rentner	Wilhelmstr. 56
Classens	Aug.	Photograph	Hochstrasse 19
Cockerill	Fräulein A.	Rentnerin	Hochstrasse 58
Cockerill	Frau J.	Rentnerin	Wilhelmstr. 24

Name	Vorname	Beruf	Adresse
Concordia-Männergesangsverein			
Conditor-Innung			
Contzen	Herm.	Brau- und Brennereibesitzer	Heinrichsallee 55
Cossmann	Joh.	Möbelfabrikant, Schatzmeister	Adalbertstr. 33/35
Creutzer	M.	Buchhandlung	Hochstrasse 66
Croon	H.	Firma Kolonialwaren en gros	Matthiashofstr. 40
Croon	Otto	Tuchfabrik	Hubertusstrasse 11
Croon	Otto	Fabrikant	Mozartstrasse 8
Croon	H.	Fabrikant	Annastrasse 56
Cüpper	J.	Kommerzienrat, Tuchfabrikant	Lothringerstrasse 54
Dames	F. W.	Zigarrenfabrikant	Kapuzinergraben 46
Dammann	J.	Kaufmann	Friedrich-Wilhelm-platz 5
Darius	Franz	Kaufmann	Adalbertstr. 94
Dautzenberg	J.	Drogerie	Burtscheider Markt 2
De la Motte	Frz.	Architekt	Boxgraben 135
Degens	W.	Hotelier	Wallstrasse
Delius	Carl	Geheimrat, Dr. Ing., Tuchfabrik	Boxgraben 17
Dennemann	Rob.	Kaufmann	Theaterplatz 15
Deterre	J.	Druckereibeistzer	Johanniterstrasse 22
Deterre	Viktor	Druckereibeistzer	Adalbertstr. 55
Dinkler	Prof. Dr. Max.		Boxgraben 121/123
Dittmann	Heinrich	Rentner	Forst, Trierer Strasse 8

Name	Vorname	Beruf	Adresse
Dohle	Lorenz	Kaufmann	Seilgraben 14
Drach und Jungschläger		Bankgeschäft	Hochstrasse 5
Dremel	Georg	Hotelbesitzer	Friedrich-Wilhelmplatz 5/6
Driessen	Gebr.	Kunstanstalt	Lütticherstrasse 12
Drisch	P. Jos.	Baumaterialienhandlung	Jülicherstrasse 68
Von den Driesch		Apotheker	Lothringerstrasse 72
Drouven	Gust.	Rentner	Wilhelmstr. 36
Dupuis	Prosper	Dampfkesselfabrik	Lütticherstrasse 28
Ebeling	C.H.	Kaufmann	Sandkaulbach 21/23
Elbrechter-Schenk	C.	Delikatessen und Weinrestauraunt	Theaterplatz 5
Elkisch	A.	Kaufmann	Theaterstr 19
Erasmus	Fritz	Tuchfabrikant	Wilhelmstr. 78
Erasmus	Alb.	Fabrikant	Wilhelmstr. 20
Erckens	Aug.	Tuchfabrikant	Casinostrasse 55
Erckens	J. A.	Tuchfabrikant	Kaiserallee 8
Erckens	Rich.	Kommerzienrat	Kurbrunnenstrasse 42
Etschenberg	Jul.	Kaufmann	Rennbahn 1
Eversheim	W.	Architekt	Gottfriedstr. 12
Fabisch	B.	Kaufmann	Adalbertstr. 72
Faymonville	J.G.	Brau- und Brennereibesitzer	Kaiserallee 42
Feibes	E. J.	Dr.	Büchel 47
Fell	F.	Restaurateur	Seilgraben 4
Firmanns	Jac.	Juwelier	Grosskölnstr. 9

Name	Vorname	Beruf	Adresse
Frauenlob	G.m.b.H.		Triererstrasse 54
Frauenrath	Wilh.	Restaurateur	Schwimmanstalt
Frentzen	Georg	Geheimrat Prof.	Haus Waldheim
Friderichs	Weinhaus		Elisabethstr. 6
Friseur-und Perückenmacher-Zwangsinnung			
Fritz	Prof. Dr.	Oberlehrer	Sebastianstr. 23
Frohn	W.	Kaufmann	Corneliusstr. 8
Fülles	Carl	Weinhandlung	Alexanderstr. 21
Gas-Erleuchtungsanstalt			Robensstr. 1
Gasten-Kühn	E. Nachfolger	Kaufmann	Grosskölnstr. 22
Geduldig	Ph.	Kunstgärtner	Theaterplatz 15
Geller	A. E.	Rentner	Monheimsallee 46
Georgi	W.	Druckereibesitzer	Marienplatz 16
Geschwandtner		Direktor der Viktoriaschule	Warmweiherstr. 2
Geulen & Nebe	A.	Musterkartenfabrik	Friedrichstr. 17
Giani	Kasp.	Kaufmann	Hochstrasse 16
Godfired-Lentz	Weinhandlung		Monheimsallee43
Goeb	A.	Kaufmann	Lochnerstr.15
Goerschen	R., von	Landgerichts-Assessor	Hochstrasse 45
Goertz	P. M.	Kaufmann	Grosskölnstr. 60
Goldstein		Dr. med.	Harscampstrasse 75
Gottfeld	H.	Kaufmann	Markstrasse 7
Graaff	H.	Hotelier	Bahnhofstrasse 8
Grave & Lüttger		Zigarrenfabrik	Ottostr.65/67
Grosser Monarch		Hotel	Büchel 51

Name	Vorname	Beruf	Adresse
Gründgens		Dr. med.	Wilhelmstr. 28
Günther	Bernh.	Gerberei und Lederfabrik	Friedrichstr. 71
Guttentag	Phil	Tuchfabrikant	Frankenbergerstrasse 26
Hack	Ferd.	Zigarrenhandlung	Adalbertstr. 1
Hagemann	Frz.		Kaiserstrasse 66, Kalk-Cöln
Hagemann	Jak.	Reisebüro	Herbesthal
Hahn	Wilh.	Weinhandlung	Wilhelmstr. 53
Hamacher	Jos.	Konditor	Adalbertstr. 44
Hammer Söhne		Spediteure	Viktoriastr. 17/19
Hansen	Rob.	Hotelbesitzer	Römerstr. 3
Harmonia- Männergesangsverein			
Haselmann	F.	Generaldirektor	Adalbertsteinweg 59
Heckmann & Böheimer		Kaufmann	Friedrich-Wilhelmplatz 11
Heimann	M. J.	Kaufmann	Grosskölnstr. 28
Heinemann	Wwe. Karl	Tuchfabrik	Alfonsstr. 14
Hellenthal & Co.		Spiegelfabrik	Lütticherstrasse
Hellenthal		Dr. med.	Seilgraben 40
Helmer	Karl	Buchdruckereibesitzer	Ludwigsallee 18
Hemmer	L.	Fabrikant	Krugenofen 62
Henn	J.	Bankdirektor	Ludwigsplatz 4
Henrici	Prof. C. F. W.	Geheimrat	Krefelderstr. 21
Henrici		Dr. med.	Wilhelmstr. 80
Hensen		Restaurateur	Friedrich-Wilhelm-

Name	Vorname	Beruf	Adresse
			platz 2
Herz	Walter	Kaufmann	Lothringerstrasse 96
Herzberg	Karl	Kaufmann	Luisenstr. 2
Hertzog	Beigeordneter Bürgermeister		Kaiserallee 11
Heucken	A.	Kaufmann	Hochstrasse 20
Heucken	Konrad	Kaufmann	Hochstrasse 20
Heusch	A.	Fabrikant	Heinrichsallee 10
Hey'l		Kurdirektor	Kurhaus
Hilaria- Männergesangsverein			
Hilger	Ed.	Pianofortefabrik	Corneliusstr. 10
Hirsch	S.	Generalagent	Kaiserallee 99
Hirtz	Gebr.	Tuchfabrik	Löhergraben 21
Hoegen	Karl	Kaufmann	Büchel 39
Holländer	A.	Kaufmann	Jülicherstrasse 18
Hommelsheim		Dr. med., Sanitätsrat	Kurbrunnenstrasse 53
Houben	J.G. Sohn Carl		Edelstrasse 5
Houben	Ed.	Buchdruckereibesitzer	Seilgraben 44
Hossdorf	J.	Kaufmann	Büchel 10
Hoyer	Karl	Hotelier	Bahnhofsplatz 1
Hüffer	Leo	Rentner	Rudolfstr. 41
Jacobi	Hans	Kaufmann	Casinostrasse 54 I
Jacobi	Nachfolger	Buchhandlung	Hartmannstr. 28
Jacobsberg	Ernst	Kaufmann	Fastradastr. 5
Jacobsberg	S.	Kaufmann	Kapuzinergraben 10
Imdahl		Bankdirektor	Theaterstr. 23

Name	Vorname	Beruf	Adresse
Intra	A.	Hotelier	Comphausbadstrasse 16/20
Ittner	Karl	Drogerie	Hochstrasse 38
Itzig	Julius	Kaufmann	Alfonsstrasse 21
Jügel	Maria	Michaelsbad	Burtscheid
Jumpertz	Josef	Drogerie	Zollernstr. 57
Jungbecker	W.	Nadelfabrikant	Rosstrasse 11/13
Kahlau	H. J.	Kaufmann	Templergraben 68
Kahlen	H.	Restaurateur	Vaalserquartier
Kahr	E.	Kaufmann	Adalbertstr. 31
Kameradschaftliche Vereinigung			
Kalkbrenner	Jos.	Maler	Reihstr. 30
Kallmann	W.	Kaufmann	Adalberstr. 39
kampf	Aug.	Hofphotograph	Theaterstrasse 3
Katz	Jul.	Tuchfabrikant	Bismarckstr. 59
Kaufmann	Gebr.	Spezialhaus	Grosskölnstr. 59/63
Kern	Albert	Kratzenfabrikant	Lagerhausstr. 16
Kessel	P.	Marmorwarenfabrik	Adalberstr. 46
Kessels	Jos.	Buchdruckerei	Büchel 47
Kesselkaul	R.	Geheimrat, Rentner	Wallstrasse 61
Kirdorf	A.	Geheimrat	Kaiserallee 14
Kirschfink		Dr. med.	Schützenstr. 16
Klausener		Beigeordneter Bürgermeister	Neustr. 23
Klein	Paul	Möbelgeschäft	Büchel 53
Klinkenberg		Dr. med.	Alexianergraben 19
Kloth		Dr. med.	Heinrichsallee 66
Kneesch	Martin	Restaurateur	Wirichsbongardstr. 5

Name	Vorname	Beruf	Adresse
Knops	Ferd.	Kommerzienrat, Tuchfabrikant	Lothringerstrasse 62
Kockerols	Otto	Kaufmann	Krugenofen 45
Koll	Theodor	Dr. med.	Marienplatz 15
Königsberger	Jos.	Tuchfabrikant	Jülicherstrasse 120
Krapoll		Dr. med.	Zollernstr. 28
Krebser	Hans	Spediteur	Römerstr. 7
Kremers	Geschw.	Manufakturwaren und Paramentenhandlung	Kapuzinergraben 10
Kropp	Karl	Kaufmann	Krugenofen 100
Krückel	Frz. Stephan	Möbelgeschäft	Pontstrasse 78
Krückels	Wwe. J.	Hotelier	Dahmengraben 21/23 und Burtscheidermarkt 22
Kühn	Theodor	Kaufmann	Dahmengraben 9
Küppers	Leonh.	Restauration	Peterstrasse 138
Kuttner	Ign.	Restaurant Karlshaus	Theaterplatz 6/8
Lahaye	W.	Kaufmann	Fischmarkt 4
Laidig	H.	Restaurant Pörzchen	Seilgraben 5
Lambertz	Henry	Kaufmann	Bergdriesch 8
Lantin	Ch.	Kaufmann	Friedrich-Wilhelm-Platz 8
Legers	Laurenz	Kaufmann	Jakobstr. 12
Lehmann	Dr. Prof.	Syndikus der Handelskammer	Theaterstr. 4
Lehmann	X.	Kaufmann	Adalbertstr. 37
Leib	Max	Kaufmann	Friedrich-Wilhelm-Platz 5

Name	Vorname	Beruf	Adresse
Leimkühler	Jos.	Kaufmann	Holzgraben 13/15
Leisten	S. W.	Restaurant Spatenbräu	Theaterplatz 1
Lejeune	R.	Kaufmann	Markt 9
Lennertz-Michels		Hofuhrmacher	Ursulinenstr. 4
Lequis	Paul	Blumenhalle	Holzgraben 8
Levy	Ph.	Kaufmann	Grosskölnstrasse 59/63
Lieck	H. & F.	Tapeten-. Teppich-. und Möbelstoffhandlung	Theaterstrasse 10
Linden		Dr. med.	Büchel 36
Lippmann	Jac.	Tuchfabrikant, Stadtverordneter	Hochstrasse 49
Loeffler	Ferd.	Hotelier	Edelstrasse 6
Loersch		Dr. med.	Aureliusstr. 5
Loewenstein	Dr.	Rechtsanwalt	Schlossstr. 26
Lonhard		Dr. med.	Kaiserplatz 11
Lorsbach	Leo	Apotheker	Kurbrunnenstr. 27
Lüpke	Sg.		Restaurant Aussichtsturm
Maas		Dr. med.	Hochstrasse 29
Maas	Heinr.	Juwelier	Hartmannstr. 34
Mahr	Theodor Söhne	Fabrik für Zentralheizungs-Anlagen	Wilhelmstr. 28
Mai	Hub.	Musiklehrer	Bergdriesch 1
Maler-und Anstreicher-Innung			
Mendelsohn	Dr.	Direktor des städtischen statistischen Amtes	Schillerstr. 63
Menghius	Wilh.	Stadtverordneter	Monheimsallee 29

Name	Vorname	Beruf	Adresse
Meyer	J. sen.	Tuchfabrikant	Zollernstr. 19
Meyer	W.	Tuchfabrikant	Wilhelmstr. 81
Micheels	C.	Installateur	Franzstr. 12
Michels	W. B.	Hotelier	Kleinmarschierstr.
Middeldorf		Justizrat, Rechtsanwalt	Harscampstr. 15
Möller	U.	Kaufmann	Kaiserallee 12
Müller	Dr.	Stadtbibliothekar	Lütticherstr. 3a
Münch	H.	Waffen und Jagdartikel	Adalbertstr. 68
Nagel	Emil	Kaiserhof	Hochstr. 2/4
Nellessen	Freiherr von	Rittergutsbesitzer, Stadtverordneter	Alexianergraben 40
Nellessen	Dr. jur. F.	Rentner	Franzstr. 48
Nellessen	Theodor	Rittergutsbesitzer	Theaterstr. 15
Nellgen	Ernst	Hotelier	Dammstr. 34
Ney	F.	Seifenfabrikant	Stephansstr. 61
Niessen	Jos.	Kaufmann	Krakaustr. 2
Nordmann	Fr.	Hotel Vier Jahreszeiten	Kapuzinergraben 16
Ochsenmetzger-Zwangsinnung			
Oeben	Josef	Restaurateur	Alexanderstr. 109
Oerder	Theodor	Kaufmann	Kapuzinergraben 9
Oestreicher	S.	Städt.Oberingenieur	Boxgraben 112
Offermann	Emil	Kaufmann	Ursulinenstr. 17/19
Ohligschlaeger	C.	Bankier	Theaterstr. 9
Oppenheim	Ferd.	Kaufmann	Kapuzinergraben 2
Orphea	Männergesangsverein		
Orth	Chr.	Kaufmann	Theaterstr. 12

Name	Vorname	Beruf	Adresse
Oster	F.	Rechtsanwalt	Gottfriedstr. 8
Oster& Cie.		Weinhandlung	Kapuzinergraben 11
Panthel	W.	Weinrestaurant	Aureliusstr. 1/3
Pappert	A.	Maschinenfabrik	Achterstr. 22
Pastor	Emil	Tuchfabrikant, Reg. Ass. a. D.	Stephanstr. 35
Pastor	Willy	Nadelfabrikant	Eckenberg ohne No.
Paulus		Dr. med.	Hochstr. 22
Peerenboon	B.	Professor	Lütticherstr.3a
Pelser-Berensberg	Von, Otto	Niederländischer Konsul	Nizzaallee 2
Pelzer	L.	Geh. Reg.-Rat	Mariahilfsstr. 23
Petzold		Bauunternehmer	Jülicherstr. 21
Pfeiffer	Louis	Herrenkleidergeschäft	Grosskölnstr. 70
Pinagel	Bruno	Generalagent	Kurbrunnenstr. 3
Pinagel	V.	Kaufmann	Stephansstr. 21
Poeschel	Carl	Königl. Lotterie-Einnehmer	Harscampstr. 50
Polis	Dr.	Direktor des Met. Observatoriums	Monheimsallee 62
Printz	Georg	Nadelfabrikant	Rudolfstr. 18
Printz	Gustav	Nadelfabrikant	Wallstr.13
Printz	Hub.	Kaufmann	Dahmengraben 5
Pütz	H.	Weinhandlung	Edelstr. 12
Querinjean	Gebr.	Zigarrenfabrik	Passstrasse
Quadflieg	Math.	Kaufmann	Hochstrasse 57
Raacke	Gebr.	Ingenieure	Adalbersteinweg 12
Reinecke		Geh. Reg.-Rat	Friedrichstr. 67
Reul-Lauffs		Konditorei	Hartmannstr. 12/14
Rey	Van, Jos.	Dr. med.	Harscampstr. 12

Name	Vorname	Beruf	Adresse
Rheinisch-Westfäl.-Disconto-Gesellschaft			Kapuzinergraben 12/14
Richartz	Otto	Optiker	Adalbertstr. 53
Richter	C.	Rentner	Schlossstr. 24
Roesgen	Carl	Kaufmann	Ursulinenstr. 13/1
Rongen	M.	Stadtrentmeister	Arndtstrasse
Rosenberg jr.	L.	Tuchfabrik	Bahnhofstr. 26
Rosenkranz		Dr. med.	Hochstrasse 59
Rosenthal	S.	Kaufmann	Theaterstr. 3
Rossum	Fr.	Kaufmann	Holzgraben 4
Rothschuh		Dr. med.	Comphausbadstr. 23
Rottmann	F.W.	Teppich-Spezialgeschäft	Holzgraben 6
Rueben	Nik.	Architekt	Krefelderstr. 25
Runte		Dr. med.	Alexianergraben 38
Rütgers	A.	Automobilzentrale	Hochstrasse 55
Sauer	Franz	Kaufmann	Friedrich-Wilhelm-Platz 7
Schaff	Wilh.	Treibriemenfabrik	Steinkaulstr. 8
Schaff	Gebr.	Kaufmann	Kapuzinergraben 1
Schaller	Geschw.	Manufakturwarenhandlung	Theaterstr. 7
Schenk	Alex	Weinhandlung	Lousberg, Belvedere
Scheubel		Oberlehrer	Crefelderstr. 3
Scheufen	Jakob		Forsthaus Siegel
Scheufen	L.	Kurhausrestaurateur	Comphausbadstr. 19
Schiffers	Albert	Direktor	Lothringerstr. 56
Schiffers Kremer	W.	Delikatessenhandlung	Hartmannstr.

Name	Vorname	Beruf	Adresse
Schivelbusch	L.	Restaur.	Elisenbrunnen Friedrich-Wilhelm-Platz
Schlesinger	Max	Direktor	Adalberstr. 30
Schmetz	Ferd.	Fabrikant	Achterstr. 3/11
Schmetz	M.	Ingenieur	Boxgraben 47
Schmenger	Just.	Kunstgärtner	Dahmengraben 20
Schmithuisen		Dr. med.	Alexianergraben 18
Schnitz	Alex	Postassistent	Franzstr. 38
Schmitz	Peter	Metzger	Alexanderstr. 25
Scholten	A.	Ingenieur	Lütticherstr.85
Schröder		Dr. med.	Kaiserallee 67
Schumacher	Erich	Fabrikant	Hauptstr. 35
Schumacher	J.	Kaufmann	Neupforte 9
Schumacher	Mich.	Rentner	Neustrasse 24
Schuster		Dr. med.	Aureliusstr. 10
Schuster	F. M.	Bauklempnerei	Adalberstr. 116
Schwalge	H.	Hotelier	Holzgraben, Hotel Monopol
Schwartz	Engelbert	Metzger	Büchel 19
Schweitzer	A.	Kaufmann	Adalbertstr. 12
Schweitzer	Ferdinand	Schreibmaterialien- und Papierhandlung	Kapuzinergraben
Schweitzer	Dr. L.	Sanitätsrat	Kapuzinergraben 4
Schwiening	G.	Buchhandlung	Büchel 43
Schwilden	E. & A.	Kaufmann	Wirichsbongardstr. 58
Schwilden	G.	Kaufmann	Adalberstr. 14
Schwinges	W.	Kaufmann	Alexianergraben 1
Seeberger	Eug.	Kaufmann	Hubertusstr. 23
Seitz	Otto	Generalagent	Sebastiansstr. 18

Name	Vorname	Beruf	Adresse
Senff	C.	Erster Direktor der Rheinisch-Westfäl. Disconto-Gesellschaft	Zollernstr. 18
Seyler	Karl	Nadelfabrikant	Eckenberg 2
Seyler	Rudolf	Nadelfabrikant	Eckenberg 2
Siegfried	Ed.	Dr. med.	Theaterplatz 15
Sinn	Franz & Sohn	Kaufmann	Mostardstr. 6/12
Sinn	Gebr.	Kaufmann	Grosskölnstr. 15/17
Sinn	Wilh.	Kaufmann	Augustastr. 26
Sistig	Josef	Restaurateur	Harscampstr. 57
Sollinger	S. Karl	Seidenhaus	Theaterplatz 7
Souheur	Arn.	Spediteur	Lagerhausstr.
Springsfeld	Ed.	Dr. med.	Jesuitenstr. 7
Startz-Kuetgens		Weinhandlung	Vereinsstr.
Steenartz	H.	Hofjuwelier	Couvenstr.
Stercken	J.	Buchdruckereibesitzer	Wirichsbongardstr. 51
Stern	Emil	Lacklederfabrikant	Boxgraben 73
Sternberg	S.	Kaufmann	Theaterplatz 7
Stock	Leonhard	Schirmfabrik	Kapuzinergraben 42
Sträter		Dr. med.	Boxgraben 56
Stösser	Fritz, von	Bankdirektor, Rheinisch-Westfäl. Disconto-Gesellschaft	
Strom	W. J.	Tuchfabrikant	Cüpperstr.
Stühler	Dr.	Königl. Kreisarzt	Bismarckstr. 98
Talbot	Georg	Kommerzienrat, Eisenbahnfabrikant	Monheimsallee 24
Talbot	Dr.	Beigeordneter Bürgermeister	Wilhelmstr. 44

Name	Vorname	Beruf	Adresse
Taute	Em.	Optiker	Friedrich-Wilhelm-Platz 12
Thelen		Dr. med.	Alexianergraben 36
Thiele	C. H.	Agenturgeschäft	Bismarckstr. 106
Thissen	Ant.	Nadelfabrik	Kupferstr.13
Thissen	J.	Dr. med.	Dahmengraben 18
Thyssen	Aug.	Rentner	Vereinsstr. 22
Thyssen	Edm.	Architekt	Ludwigsallee 45
Tinner	M.	Kaufmann	Theaterplatz 13
Vandeneschen	J.	Biergrosshandlung	Wirichsbongardstr. 43
Vecqueray	A.	Domhotel	Ursulinerstr. 11
Vendel		Professor	Schleife 19
Verband Aachener Turnvereine			
Vigier	A.	Schirmfabrikant	Holzgraben 2
Vogelsang	Karl	Rentner	Lousbergstr. 46
Vogt	Ed.	Kaufmann	Bismarckstr. 106
Vonderbank	J.	Kunsthandlung	Büchel 39
Vonhoff-Wildt		Kaufmann	Markt 39
Vossen	Leo	Kommerzienrat, Stadtverordneter	Wallstr. 21
Vüllers		Dr. med.	Bahnhofstr. 13
Wahl	Georg	Konditor	Theaterplatz 7
Waldthausen	Robert	Tuchfabrikant	Jülicherstr. 118
Wallach	Gebr.	Tuchfabrikant	Ottostr. 50/62
Wangemann	P.	Zahnarzt	Theaterstr. 3
Weber	H.	Hotelier	Dammstr. 32
Weber	P.	Stadtverordneter	Karlsgraben 36
Wedler	Ed.	Lichtdruckanstalt	Ursulinerstr. 10

Name	Vorname	Beruf	Adresse
Weeber	C.	Hirschapotheke	Holzgraben 12
Weitz	W.	Restaurateur	Franzstr. 1
Weyers	R.	Buchhandlung	Kleinmarschierstr. 8
Wickmann		Beigeordneter Bürgermeister	Ludwigsallee 55
Wiertz	P.	Kaufmann	Jakobstr. 16
Willekens	Wwe. A.		Dammstr. 2/4
Wings	Josef	Kaufmann	Markt 5
Wings		Dr. med.	Aureliusstr. 8
Wirtz	J.	Bankdirektor	Bergisch-Märkische Bank
Witt	Karl	Direktor des Kreisamtes für Abgabe elektr. Kraft	Clemensstr., Villa Waldesfrieden
Wolter	H.	Wiener Café	Friedrich-Wilhelm-Platz
Wunsch	W.	Hotelier	Friedrich-Wilhelm-Platz 3
Württembergische Metallwarenfabrik			Theaterplatz 1
Zoppa	Jos.	Vorsteher des Städt. Verkehrsbüros	Vaalserstr. 100

Ingesamt 1. Mai 1910 = 391 Mitglieder

Nachwort

Am 01. Februar 1949, also vor 65 Jahren, wurde der *Verkehrsverein Bad Aachen e.V.* gegründet. Zwischenzeitlich heißt er dem Zeitgeist entsprechend *aachen tourist service e.v.*, aber es ist der gleiche Verein geblieben, der jetzt ein kleines Jubiläum feiert.

Dieses Jubiläum haben wir zum Anlass genommen, einmal zu fragen: **Was war eigentlich davor?**

Und siehe da: Ein Verein nach dem anderen hat in Aachen existiert – alle mit dem Ziel, sich bestmöglich um die auswärtigen Gäste und die Werbung für Aachen zu kümmern, allerdings meist in einer nicht immer glücklichen Co-Existenz zu städtischen Ämtern oder Unternehmen.

Im Frühjahr 1985 wurde dann endgültig entschieden: Um den Tourismus in Aachen kümmert sich der Verkehrsverein! Und dabei ist es bis heute geblieben.

Deshalb endet auch die aufgeschriebene Geschichte der Verkehrsvereine in Aachen zunächst im Jahr 1985. Die Entwicklung seitdem muss dann noch einmal zu einem späteren Zeitpunkt aufgearbeitet werden, aber dann besser ohne die Mitarbeit der heutigen Akteure.

Festzuhalten bleibt: Die Stadt Aachen ist eine der wenigen deutschen Großstädte, in denen sich noch ein Verein sich um die Belange des Tourismus kümmert – und das wohl erfolgreich, denn sonst wäre dieser Verein kaum 65 Jahre alt geworden!

Aachen, den 28.02.2014

Werner Schlösser
Geschäftsführer

www.aachen-tourist.de